VOM WUTANFALL ZUM RUHEPOL

ALTER 3–10

Das XXL-Buch zur Selbstregulation bei Kindern

Unser stärkster Praxisratgeber mit Montessori-Weisheit, Spielen & Eltern-Kind-Dialogen

HANSI FALKENSTEIN

Copyright & Impressum
© 2025 HANSI FALKENSTEIN
Alle Rechte vorbehalten.
Kein Teil dieses Buches darf ohne vorherige schriftliche Genehmigung der Autorin/des Autors in irgendeiner Form reproduziert, gespeichert oder verbreitet werden – weder digital noch mechanisch, durch Fotokopie, Aufnahme oder ein anderes Verfahren – es sei denn, dies ist gesetzlich ausdrücklich erlaubt.
Dieses Werk wurde mit großer Sorgfalt erstellt. Dennoch übernehmen Autorin/Autor und Verlag keine Haftung für etwaige Schäden oder Konsequenzen, die direkt oder indirekt aus der Nutzung der Inhalte entstehen. Die enthaltenen Informationen, Übungen und Empfehlungen ersetzen keine medizinische oder psychologische Beratung. Sie dienen ausschließlich der Begleitung im familiären Alltag.

Impressum
Autorin: HANSI FALKENSTEIN
Verantwortlich für den Inhalt: HANSI FALKENSTEIN
E-Mail: xplosion@teen-x-plosion.blog
Coverdesign und Layout: getcovers/ HANSI FALKENSTEIN
Illustrationen: getcovers/ HANSI FALKENSTEIN
Erstveröffentlichung: 2025

Zusätzlicher Inhalt:
Über den im Buch enthaltenen QR-Code erhalten Leserinnen und Leser exklusiven Zugriff auf ergänzende Materialien (z. B. Vorlagen, Spiele, Übungen oder Checklisten). Für den Zugriff wird ggf. eine E-Mail-Adresse benötigt.

Dein exklusiver Bonusbereich

Scanne den QR-Code und lade dir alle Zusatzmaterialien kostenlos herunter!
Weil du nicht nur liest – sondern dein Familienleben aktiv verändern willst, schenken wir dir 7 liebevoll gestaltete PDFs, die dich und dein Kind auf dem Weg zu mehr Ruhe, Verbindung und innerer Stärke begleiten:

Das bekommst du im Bonusbereich:
1. *100 Spiele zur Selbstregulation* – thematisch geordnet für Alltag, Emotionen, Impulskontrolle & Co.
2. *Mitten im Wirbel* – Einfühlsame Strategien für Kinder mit ADHS
3. *Gefühlsstark & voller Energie* – Dein Ratgeber für temperamentvolle Kinder
4. *Wenn alles zu viel wird* – Hilfe für hochsensible Kinder
5. **Introvertiert, sensibel, einzigartig** – So stärkst du leise Kinder von innen heraus
6. *82 Seiten Ausmalspaß* – Kreative Entspannung & Achtsamkeit für Kinder
7. *Gefühlskarten zum Ausdrucken* – 12 Karten zum Spielen, Fühlen & Verstehen

Einfach QR-Code scannen – PDF-Set sichern – und loslegen!
Alle Inhalte sind druckfertig & sofort nutzbar.

Inhaltsverzeichnis

EINFÜHRUNG 6

    WARUM DIESES BUCH? 6
    WAS BEDEUTET SELBSTREGULATION WIRKLICH? 7
    WARUM MONTESSORI, WARUM JETZT? 8
    FÜR WEN IST DIESES BUCH? 9

TEIL I – DIE BASIS 11

    1. WAS HINTER DEM VERHALTEN STECKT 12

        Verhalten als Ausdruck eines unerfüllten Bedürfnisses 13
        Die kindliche Welt: Regulation durch Beziehung, nicht durch Strafe .. 14
        Die 5 häufigsten „Problemverhalten" – und was sie wirklich bedeuten 15

    2. SELBSTREGULATION VERSTEHEN 17

        Neurowissenschaftlich fundiert: das kindliche Gehirn im Umbau 17
        Emotionsentwicklung und Frustrationstoleranz 18
        Unterschiede bei Kindern mit ADHS, Hochsensibilität oder Impulsstörungen 19

    3. DER MONTESSORI-WEG ZUR INNEREN ORDNUNG 21

        Ordnung, Freiheit, Struktur: Drei Säulen der Montessori-Pädagogik .. 21
        Das vorbereitete Umfeld als stiller Helfer 22
        Arbeit im eigenen Rhythmus & das Recht auf Wiederholung 23

TEIL II – DER ELTERLICHE WEG 25

    4. NUR EIN ENTSPANNTER ELTERNTEIL KANN ENTSPANNEN HELFEN 26

        Selbstregulation beginnt bei uns 26
        Trigger erkennen: Was bringt dich aus der Balance? 27
        Selbstfürsorge ist kein Luxus – sondern Grundlage 30

    5. KOMMUNIKATION, DIE VERBINDET 31

        Die Macht der Sprache: Was Eltern sagen sollten (und was lieber nicht) 31
        DBT-Tools für Zuhause: Validierung, Ich-Botschaften, Emotions-Coaching 33
        Von der Strafe zur Zusammenarbeit: Lösungsorientierte Gespräche . 35

TEIL III – DAS KIND STÄRKEN 37

    6. GEFÜHLE BENENNEN – STATT UNTERDRÜCKEN 38

    Emotionen als Freunde: Wie Kinder sich selbst verstehen lernen *38*
    Die „Gefühls-Ampel", das Emotions-Wetter und andere Tools *39*
    Wut, Angst, Trauer, Freude – alles hat Platz *41*
7. WIE KINDER LERNEN, SICH SELBST ZU BERUHIGEN 44

    Beruhigungstechniken für Kinder: von Kuschelecken bis Atemspielen
    .... *45*
    Spiele & Rituale zur Regulation (mit Spielanleitungen!) *47*
    „Wenn du wütend bist, kannst du..." – konkrete Alternativen zur
    Eskalation *49*
8. LOBEN, ERMUTIGEN, STÄRKEN 50

    Echte Anerkennung statt leeres Lob *50*
    Prozesslob vs. Ergebnislob *54*
    Motivation & Vorbereitung auf das „echte Leben" *58*
    Beispielsätze für motivierende Kommunikation *62*

TEIL IV – SPIELE, ÜBUNGEN & ALLTAGSHELFER **67**

9. SPIELERISCH ZUR SELBSTREGULATION (MIT ELTERN ODER ALLEINE) 67

    Kooperationsspiele *67*
    Impulskontroll-Spiele *74*
    Emotions-Memory & Gefühlskarten *81*
10. GEMEINSAM LÖSUNGEN FINDEN 87

    Konfliktgespräche auf Augenhöhe führen *87*
    Familienregeln & Rituale gemeinsam erarbeiten *92*
    Stille Momente kultivieren (Montessori-Ruhe-Übungen) *96*
11. DAS NOTFALLKAPITEL – WENN GAR NICHTS MEHR GEHT 101

    Was tun bei Wutausbrüchen, Panik, Rückzug? *101*
    Unterschiedliche Reaktionen – unterschiedliche Wege *105*
    3-Minuten-Soforthilfe für Eltern *107*
    „Deeskalationssätze" für jede Situation *110*

ABSCHLUSSWORT – DEIN WEG BEGINNT NICHT ERST MORGEN. ER HAT LÄNGST BEGONNEN **115**

EINFÜHRUNG

Warum dieses Buch?

Vom täglichen Familienchaos zur inneren Balance

Elternsein ist eine der größten Herausforderungen – und gleichzeitig eines der tiefgründigsten Abenteuer im Leben. Zwischen Kita-Brotdosen, Wäschebergen, Trotzanfällen, Schlafmangel und beruflichem Alltagsstress fühlt sich der Familienalltag oft wie ein Marathon ohne Zielstrich an. Und während draußen alles schneller, lauter und komplexer wird, wächst in vielen Eltern ein stiller Wunsch: **Mehr Ruhe. Mehr Verbindung. Mehr Verständnis.**

Dieses Buch entstand genau aus diesem Wunsch heraus – und aus dem tiefen Bedürfnis vieler Familien nach **echtem Miteinander statt Machtkampf**, nach **Verständnis statt Verzweiflung**, nach einem **Werkzeugkasten**, der im echten Alltag funktioniert.

Hier findest du keinen erhobenen Zeigefinger und keine unrealistischen Supereltern-Tipps. Sondern **praktisches Wissen**, das auf pädagogischen, psychologischen und neurowissenschaftlichen Grundlagen beruht. **Kindgerecht, elternfreundlich und tiefgründig** – mit Raum für Fehler, Menschlichkeit und Entwicklung.

Was bedeutet Selbstregulation wirklich?

Mehr als nur "ruhig bleiben" – die Kunst, sich selbst zu steuern

Wenn ein Kind schreit, wirft, tobt, sich verweigert oder scheinbar „ohne Grund" ausrastet, ist das kein Zeichen von Boshaftigkeit – sondern ein Ausdruck von Überforderung. Hinter jedem Verhalten steckt ein inneres Signal, das oft noch **nicht in Worte gefasst werden kann**. Und genau hier kommt Selbstregulation ins Spiel.

Selbstregulation ist die Fähigkeit, **eigene Emotionen, Gedanken und Handlungen bewusst wahrzunehmen und flexibel an die Situation anzupassen**. Es geht darum, einen inneren Abstand zwischen Reiz und Reaktion zu schaffen. Für Kinder – und auch für uns Erwachsene.

Diese Fähigkeit umfasst drei zentrale Bereiche:

- **Emotionale Selbstregulation:** Gefühle wie Wut, Traurigkeit oder Angst erkennen, benennen und ausdrücken zu können – ohne sich davon überrollen zu lassen.
- **Kognitive Selbstregulation:** Aufmerksamkeit steuern, Impulse kontrollieren, Frust aushalten, Lösungen suchen.
- **Soziale Selbstregulation:** Rücksicht nehmen, Regeln akzeptieren, Konflikte lösen, Beziehungen gestalten.

Selbstregulation ist **keine angeborene Fähigkeit, sondern eine lernbare Kompetenz**, die Zeit, Vorbilder, Übung und Begleitung braucht – ganz besonders in den ersten

Lebensjahren. Sie ist das Fundament für späteres Lernen, emotionale Stabilität, Resilienz und die Fähigkeit, **in einer komplexen Welt innerlich klar zu bleiben.**

Warum Montessori, warum jetzt?

Eine zeitlose Pädagogik für eine neue Welt

Maria Montessori lebte in einer Zeit großer Umbrüche – und doch sind ihre Erkenntnisse heute aktueller denn je. In einer Welt, in der Kinder ständig Reizen ausgesetzt sind, in der alles schneller, lauter und oft überfordernder wird, brauchen sie nicht mehr Druck, mehr Bewertung, mehr Kontrolle. **Sie brauchen Orientierung, Struktur, Freiheit und Verbindung.** Genau das bietet die Montessori-Pädagogik.

Montessori bedeutet nicht „freie Erziehung" oder „die Kinder machen lassen, was sie wollen". Es bedeutet vielmehr, **dem Kind zu vertrauen**, seine natürlichen Entwicklungsimpulse ernst zu nehmen und es so zu begleiten, dass es **innerlich wächst – nicht nur äußerlich funktioniert.**

Was Montessori heute so wertvoll macht, ist die enge Verbindung zu aktuellen wissenschaftlichen Erkenntnissen aus der **Neurobiologie, Entwicklungspsychologie und Traumapädagogik.** Viele moderne Studien bestätigen, was Montessori schon vor über 100 Jahren beobachtete:

- Kinder brauchen **Bewegung, Struktur und Selbstwirksamkeit.**

- Lernen geschieht nicht durch Zwang, sondern durch **freie, konzentrierte Tätigkeit**.
- Ein Kind, das respektiert und gesehen wird, entwickelt **innere Sicherheit** – und damit Selbstregulation.

In Montessori-Kreisen spricht man oft vom „inneren Bauplan" jedes Kindes. Dieses Buch möchte dir helfen, diesen Plan zu verstehen – und deinem Kind durch einen vorbereiteten Alltag, klare Grenzen und liebevolle Beziehung zu helfen, **sich selbst zu entdecken, zu steuern und zu entfalten**.

Montessori ist nicht nur für Bildungseinrichtungen. Es ist eine Haltung. Und genau diese Haltung kannst du auch zu Hause leben – **mit einfachen Mitteln, viel Herz und dem Mut zur Entschleunigung**.

Für wen ist dieses Buch?

Für Eltern, die fühlen, dass „mehr Strenge" nicht die Antwort ist.

Dieses Buch ist für dich, wenn du abends im Bett liegst und dich fragst, ob du zu viel geschimpft hast. Wenn du dich manchmal hilflos fühlst angesichts der Wutanfälle deines Kindes – oder seines völligen Rückzugs. Wenn du dir wünschst, dein Kind besser zu verstehen, statt es ständig korrigieren zu müssen. Wenn du spürst, dass hinter dem "schwierigen Verhalten" deines Kindes eigentlich ein **unerhörtes Bedürfnis** steckt.

Es ist für Eltern von Kindern mit **starken Gefühlen, ADHS, impulsivem Verhalten oder besonderer Sensibilität**. Für

Mamas und Papas, die merken, dass klassische Erziehungsmethoden nicht (mehr) greifen – und die bereit sind, neue Wege zu gehen. Es ist auch für Großeltern, Erzieher: innen oder pädagogisch Interessierte, die die kindliche Entwicklung **ganzheitlich und respektvoll** begleiten wollen.

Besonders hilfreich ist dieses Buch auch, wenn dein Kind:

- sehr schnell überfordert oder frustriert ist
- stark auf Veränderungen oder Grenzen reagiert
- Schwierigkeiten hat, sich zu konzentrieren oder still zu sitzen
- scheinbar „immer dagegen" ist
- sehr sensibel oder reizoffen ist

Oder wenn du selbst manchmal denkst:

„Ich will nicht schreien. Ich will begleiten. Aber wie?"

– Dann bist du hier genau richtig.

Dieses Buch gibt dir keine Patentrezepte, aber verstehbare Erklärungen, einfache Werkzeuge, liebevolle Formulierungen, konkrete Spiele und Übungen, mit denen du Schritt für Schritt mehr Leichtigkeit und Verbindung in euren Alltag bringen kannst.

TEIL I – DIE BASIS

1. Was hinter dem Verhalten steckt

Verstehen statt verurteilen

Verhalten als Ausdruck eines unerfüllten Bedürfnisses

Kinder "verhalten sich nicht einfach so". Jedes Verhalten – ob ruhig oder laut, kooperativ oder herausfordernd – ist **eine Form von Kommunikation**. Es ist der Versuch, mit der Welt in Kontakt zu treten, **etwas mitzuteilen, was mit Worten (noch) nicht möglich ist**. Besonders in frühen Entwicklungsphasen sind Gefühle oft schneller als Sprache.

Wenn ein Kind schreit, wirft, schlägt oder sich verweigert, fragt der Erwachsene oft reflexartig:

„Was stimmt denn jetzt schon wieder nicht mit dir?"

Dabei wäre eine viel heilsamere Frage:

„Was brauchst du gerade – und wie kann ich dich darin begleiten?"

Hinter aggressivem, auffälligem oder passivem Verhalten liegt oft ein **unerfülltes Grundbedürfnis**:

- nach Sicherheit, Nähe, Zugehörigkeit
- nach Autonomie, Selbstwirksamkeit
- nach Ruhe oder sensorischer Entlastung
- nach Orientierung oder Anerkennung

Wenn wir diese Ebene betrachten, verschiebt sich unser Blick. Wir erkennen: **Mein Kind ist nicht „böse" – es ist überfordert. Es kämpft. Es bittet um Hilfe – auf seine Weise.**

Die kindliche Welt: Regulation durch Beziehung, nicht durch Strafe

Kinder **lernen Selbstregulation nicht durch Strafen**, Drohungen oder Schimpfen – sondern durch **Zuwendung, Spiegelung und Begleitung**. Ihre Nervensysteme sind noch in der Reifung, ihre Impulskontrolle ist unreif, ihre Emotionen sind intensiv und oft überwältigend.

Was sie brauchen, ist:

- ein ruhiger, klarer Erwachsener
- ein sicherer Hafen, der mit ihnen **durch den Sturm geht**, statt den Sturm zu bekämpfen
- ein Mensch, der **ihre Gefühle aushält**, ohne sich davon mitreißen zu lassen

Montessori sagte:

„Hilf mir, es selbst zu tun. Zeig mir, wie man es macht. Tu es nicht für mich. Ich kann es selbst."

Und genau das gilt auch für das emotionale Lernen:

Hilf mir, meine Gefühle zu verstehen. Zeig mir, wie man sich beruhigt.

Und sei da – auch wenn ich es (noch) nicht kann.

Die 5 häufigsten „Problemverhalten" – und was sie wirklich bedeuten

Hier ein Überblick über typische Verhalten, die viele Eltern herausfordern – mit dem, was oft wirklich dahintersteckt:

1. **WUTANFÄLLE & TROTZ**

   Mögliches Bedürfnis:
   Autonomie, Einfluss, Frustrationstoleranz

   Was du denken könntest:
   „Mein Kind will lernen, mit Enttäuschung umzugehen – es braucht mein Verständnis, nicht meine Strafe."

2. **NICHT ZUHÖREN / GRENZEN IGNORIEREN**

   Mögliches Bedürfnis:
   Verbindung, Aufmerksamkeit, Orientierung

   Was du denken könntest:
   „Vielleicht habe ich mein Kind heute wenig ‚gesehen'. Es braucht mehr echte Beziehung als mehr Regeln."

3. **ZURÜCKZIEHEN / SCHWEIGEN / VERMEIDUNG**

   Mögliches Bedürfnis:
   Sicherheit, Schutz vor Überreizung oder Überforderung

   Was du denken könntest:
   „Mein Kind zieht sich zurück, weil es sich unwohl fühlt. Ich kann ihm Raum geben und es behutsam begleiten."

4. Aggression gegenüber Geschwistern oder Eltern

Mögliches Bedürfnis:
Entladung innerer Spannung, Gesehenwerden

Was du denken könntest:
„Das ist kein Angriff gegen mich – das ist ein Notruf. Mein Kind braucht meine Hilfe, seine Impulse zu regulieren."

5. Ständiges Quengeln / Jammern / Klammern

Mögliches Bedürfnis:
Nähe, Verbindung, emotionale Tankfüllung

Was du denken könntest:
„Vielleicht braucht mein Kind einfach ein paar Minuten ungeteilter Aufmerksamkeit – und kein Erklärvideo."

Fazit:

Hinter jedem Verhalten steckt ein Gefühl. Und hinter jedem Gefühl steckt ein Bedürfnis.

Wenn wir beginnen, Verhalten so zu sehen – als Hinweis statt Provokation – dann entsteht ein neuer Raum. Ein Raum für Verbindung, für Wachstum und für echte Veränderung.

Das ist kein „sanfter Weg" im Sinne von „alles durchgehen lassen". Es ist ein **klarer, mitfühlender, kraftvoller Weg**. Und genau auf diesem begleiten wir dich in diesem Buch – Schritt für Schritt, mit Herz, Verstand und praktischen Werkzeugen.

2. Selbstregulation verstehen

Was im Inneren des Kindes wirklich passiert

Neurowissenschaftlich fundiert: das kindliche Gehirn im Umbau

Das Gehirn eines Kindes ist kein „kleines Erwachsenen-Gehirn". Es ist ein hochkomplexes, sich ständig wandelndes System, das sich **in Phasen entwickelt** – und das besonders in den ersten Lebensjahren **massiv umbaut**. Emotionen, Impulse, Aufmerksamkeit und Problemlösungsstrategien werden erst **nach und nach ausgebildet**.

Vor allem der sogenannte **präfrontale Cortex** – jener Bereich des Gehirns, der für Selbstkontrolle, Planung und Reflektion zuständig ist – ist bei kleinen Kindern noch **nicht ausgereift**. In Stressmomenten „übernehmen" ältere Gehirnareale (z. B. das limbische System), die eher mit Flucht, Angriff oder Erstarrung reagieren.

Was bedeutet das in der Praxis?

- Kinder **können** sich in aufgeregten Momenten nicht „zusammenreißen", auch wenn sie das wollten.
- Sie **vergessen** Regeln, wenn Emotionen überhandnehmen – das ist keine Absicht, sondern Biologie.
- Erst durch **wiederholte Beziehungserfahrungen**, Spiegelung und Regulation durch Erwachsene

lernen Kinder, diese Hirnareale zu verknüpfen und eigene innere Werkzeuge zu entwickeln.

Selbstregulation ist also kein Knopf, den man drückt, sondern ein **langfristiger Reifungsprozess**, bei dem Eltern **aktive Vorbilder und Co-Regulator: innen** sind.

Emotionsentwicklung und Frustrationstoleranz

Gefühle gehören zum Menschsein – aber der Umgang damit will gelernt sein. Besonders bei kleinen Kindern sind Emotionen oft **plötzlich, intensiv und überfordernd** – für das Kind selbst genauso wie für die Eltern.

Frustrationstoleranz, also die Fähigkeit, mit Enttäuschung umzugehen oder auf eine Belohnung zu warten, ist **nicht angeboren**. Sie entwickelt sich durch:

- liebevolle Grenzsetzung,
- geduldige Begleitung bei Wut oder Trauer,
- und die Erfahrung, dass **Gefühle kommen und gehen dürfen**, ohne verurteilt zu werden.

Viele Eltern wünschen sich Kinder, die „ruhig bleiben, wenn etwas nicht klappt". Doch diese innere Stärke wächst nicht durch Druck oder Bestrafung, sondern durch einfühlsame Begleitung im Moment der Überforderung.

Wenn ein Kind sich sicher fühlt, **darf es wütend sein**. Und genau in diesen Momenten lernt es – durch uns – wie Regulation funktioniert.

Unterschiede bei Kindern mit ADHS, Hochsensibilität oder Impulsstörungen

Nicht alle Kinder starten mit den gleichen Voraussetzungen. Manche bringen mehr innere Unruhe, stärkere Reizoffenheit oder weniger Impulskontrolle mit – das ist keine Erziehungsfrage, sondern Teil ihrer **neurologischen Grundstruktur**.

Kinder mit ADHS:

- haben häufig **eine verzögerte Reifung der exekutiven Funktionen**, also jener Hirnfunktionen, die für Selbststeuerung, Organisation und vorausschauendes Denken zuständig sind.
- sie erleben Emotionen oft wie ein „plötzliches Gewitter" – und brauchen besonders **klare, wiederholte, strukturierte** Unterstützung von außen.
- sie sind nicht „unwillig", sondern **schnell überreizt oder impulsiv**, was zu Fehlinterpretationen führen kann.

Hochsensible Kinder:

- nehmen Sinneseindrücke intensiver wahr (Licht, Geräusche, Stimmen, Stimmungen anderer).
- können schnell überfordert oder innerlich „voll" sein – was sich durch Rückzug oder scheinbar unangemessenes Verhalten äußert.
- brauchen **Rückzugsräume, leise Übergänge und emotionale Sicherheit**.

Kinder mit Impulsstörungen oder Affektkontrollproblemen:

- haben oft Schwierigkeiten, zwischen Reiz und Reaktion eine Pause einzulegen.
- sie „explodieren", obwohl sie es nicht wollen – und **schämen sich im Nachhinein oft dafür**.
- sie brauchen Werkzeuge zur **Selbstwahrnehmung**, viel positive Verstärkung und Erwachsene, die in der Krise **nicht mit Gegenkontrolle reagieren**, sondern mit Struktur und Ruhe.

Fazit:

Selbstregulation ist kein einfacher Lernschritt, sondern ein komplexer Prozess, der Zeit, Geduld und Begleitung braucht. Je mehr wir über das kindliche Gehirn, über emotionale Entwicklung und individuelle Unterschiede wissen, desto besser können wir **verstehen statt verurteilen** – und dadurch echte Veränderung ermöglichen.

Das bedeutet nicht, alles zu erlauben – sondern **achtsam zu führen**. Nicht über das Kind hinweg, sondern an seiner Seite. Mit Herz, Wissen und Haltung.

3. Der Montessori-Weg zur inneren Ordnung

Warum äußere Struktur innere Freiheit ermöglicht

Ordnung, Freiheit, Struktur: Drei Säulen der Montessori-Pädagogik

„Hilf mir, es selbst zu tun" – dieser berühmte Montessori-Satz ist mehr als ein pädagogischer Leitspruch. Er ist ein tiefes Verständnis dafür, wie Kinder lernen: durch **eigene Erfahrung, in einem klaren Rahmen, mit echter Freiheit**.

Maria Montessori beobachtete, dass Kinder dann am besten lernen und sich entwickeln, wenn drei Elemente zusammenspielen:

- **Ordnung** im Außen schafft Orientierung im Inneren.
- **Freiheit** innerhalb klarer Grenzen ermöglicht Selbstständigkeit.
- **Struktur** gibt Halt, Sicherheit und Rhythmus.

Diese drei Säulen helfen Kindern, **ihren inneren Kompass zu finden**. Sie lernen, Entscheidungen zu treffen, mit Frust umzugehen und sich selbst zu organisieren – Fähigkeiten, die essenziell für Selbstregulation sind.

Ordnung bedeutet dabei nicht starren Perfektionismus. Es geht um **Verlässlichkeit, Wiederholung und Klarheit** – Dinge, die besonders für Kinder mit ADHS oder starker Emotionalität wichtig sind.

Das vorbereitete Umfeld als stiller Helfer

Im klassischen Montessori-Konzept ist das vorbereitete Umfeld **ein zentraler Bestandteil**. Doch dieser Gedanke lässt sich wunderbar in den Familienalltag übertragen.

Ein vorbereiteter Raum bedeutet:

- das Kind kann **selbstständig handeln**, ohne ständig Hilfe zu brauchen.
- es gibt **klare Plätze für Dinge**, was Reizüberflutung vermeidet.
- Materialien sind **altersgerecht und überschaubar** – nicht zu viel, nicht zu wenig.
- der Raum „spricht" mit dem Kind, lädt zur Tätigkeit ein, ohne zu überfordern.

Wenn ein Kind genau weiß, wo seine Sachen sind, wann welche Routine stattfindet und was seine Möglichkeiten sind, dann entsteht **Sicherheit. Orientierung. Ruhe.**

Das bedeutet nicht, dass alles steril und minimalistisch sein muss. Es bedeutet, dass **das Umfeld das Kind nicht verwirrt, sondern stärkt**. Es ist wie ein zweiter Erwachsener im Raum – ein leiser Begleiter, der Halt gibt, ohne einzugreifen.

Arbeit im eigenen Rhythmus & das Recht auf Wiederholung

Einer der revolutionärsten Gedanken Montessoris ist: **Jedes Kind hat seinen eigenen inneren Zeitplan.**

In einer Welt, in der vieles taktvoll und normiert ist, wirkt dieser Gedanke fast radikal. Aber er ist tief menschlich.

Wenn ein Kind ein Puzzle zehn Mal wiederholt, tut es das nicht aus Langeweile – sondern weil sein Gehirn gerade auf genau dieser Ebene „arbeitet". Wiederholung ist kein Rückschritt, sondern ein Ausdruck innerer Ordnung. Sie hilft dem Kind, **Sicherheit**, **Selbstvertrauen** und **tieferes Verständnis zu entwickeln.**

Das Kind bestimmt nicht *was* es tut (die Auswahl ist vorbereitet), aber es bestimmt **wann, wie oft und wie lange** – und genau darin liegt die Kraft:

- Es übt **Selbstbeobachtung**,
- es lernt **Frustrationstoleranz**,
- es erlebt **Erfolg durch Wiederholung statt Bewertung.**

Auch zu Hause kann dieser Grundsatz gelebt werden: Gib deinem Kind Zeit. Vertraue seinem Rhythmus. Beobachte ohne zu bewerten. Und feiere Wiederholungen als Zeichen inneren Wachstums – nicht als „Fehler" im Lernprozess.

Fazit:

Die Montessori-Pädagogik ist kein starres System, sondern eine **lebendige Einladung zur Beziehung** – zur Beziehung mit dem Kind, aber auch mit sich selbst. Sie verbindet Struktur mit Freiheit, Klarheit mit Wärme, Ordnung mit Vertrauen. Und genau in dieser Balance entsteht **Selbstregulation als Lebenskompetenz**.

Das vorbereitete Umfeld, ein verständnisvoller Blick auf den Rhythmus des Kindes und die Erlaubnis zur Wiederholung sind keine „Extras" – sie sind der **Boden, auf dem Selbstständigkeit, Ruhe und innere Stärke wachsen** können.

TEIL II – DER ELTERLICHE WEG

4. Nur ein entspannter Elternteil kann entspannen helfen

Selbstregulation beginnt bei uns

Eltern zu sein bedeutet nicht nur, das Verhalten unserer Kinder zu begleiten – sondern auch unser eigenes inneres Erleben. Kinder spüren uns. Sie lesen unsere Körpersprache, unseren Tonfall, unsere Pausen. Und sie reagieren viel mehr **auf unseren inneren Zustand** als auf unsere Worte.

Deshalb ist **Selbstregulation kein reines Kinderthema**. Sie beginnt bei uns. Denn:

„Ein Kind kann sich nicht regulieren, wenn wir selbst dysreguliert sind."

Trigger erkennen: Was bringt dich aus der Balance?

Jeder Mensch hat emotionale „Knöpfe", die gedrückt werden können – sogenannte Trigger. Als Eltern merken wir oft nicht, dass unser Stress gar nicht nur vom Kind kommt, sondern aus eigenen unverarbeiteten Mustern stammt. Vielleicht wurdest du selbst streng erzogen und fühlst dich heute hilflos, wenn dein Kind deine Autorität in Frage stellt. Oder du bist besonders empfindlich bei Lautstärke, Chaos oder Zeitdruck.

Reflexionsfragen für dich als Mama oder Papa:

- Wann verliere ich am ehesten die Geduld?
- Was stört mich wirklich – das Verhalten meines Kindes oder mein eigenes Gefühl von Kontrollverlust?
- Wie reagiert mein Körper auf Stress (z. B. Atmung, Stimme, Anspannung)?
- Was brauche ich in diesen Momenten wirklich?

Erkennen ist der erste Schritt zur Veränderung. Es geht nicht darum, „perfekt ruhig" zu sein – sondern **bewusst und ehrlich**.

3 KONKRETE ATEMANKER FÜR STRESSIGE MOMENTE

Wenn du spürst, dass dein Nervensystem „hochfährt", brauchst du **einfache, sofort umsetzbare Werkzeuge**, um wieder in Verbindung mit dir selbst zu kommen:

1. **Die 4-4-8-Atmung** Einatmen 4 Sekunden – Halten 4 Sekunden – Ausatmen 8 Sekunden. / Beruhigt Herzfrequenz & Stressreaktion.

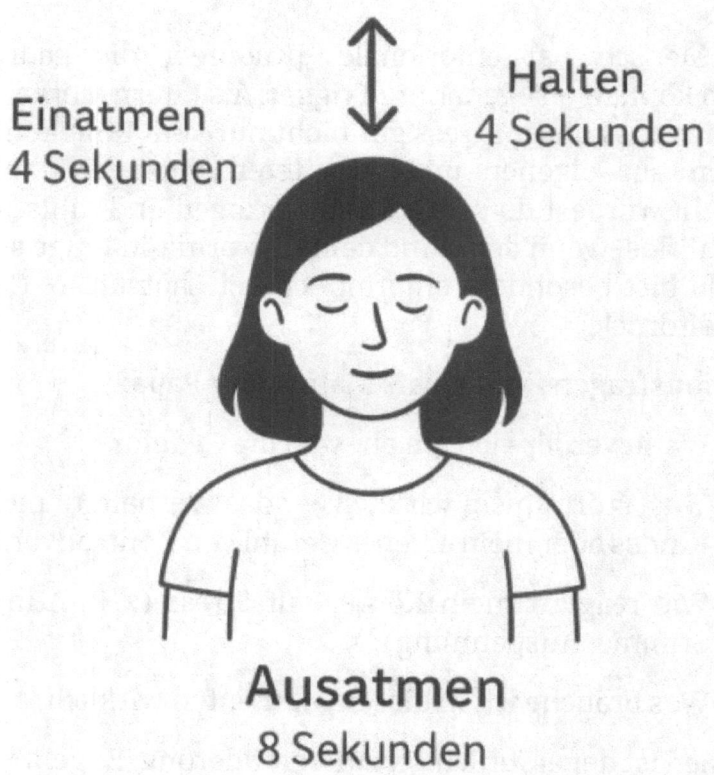

2. **„Ich bin hier, es ist jetzt."** Sprich diesen Satz leise oder innerlich, während du deinen Körper spürst. Bringt dich ins Jetzt.

3. **Boden spüren** Setz dich hin, stell beide Füße auf den Boden, drücke sanft gegen ihn. Nimm die Verbindung zur Erde wahr.

Diese kleinen Techniken sind **keine Esoterik**, sondern **neurobiologisch wirksam** – sie aktivieren dein parasympathisches Nervensystem und helfen dir, ruhig und präsent zu bleiben.

Selbstfürsorge ist kein Luxus – sondern Grundlage

Viele Eltern glauben (bewusst oder unbewusst), dass sie sich selbst hinten anstellen müssen, damit „es den Kindern gut geht". Doch das Gegenteil ist wahr: **Wenn es dir gut geht, kann es auch deinem Kind leichter gut gehen.**

Selbstfürsorge heißt nicht Wellness-Wochenende. Es heißt:

- genug zu trinken
- morgens zwei Minuten atmen, bevor der Trubel beginnt
- sich Pausen zu erlauben
- um Hilfe zu bitten
- **nicht alles perfekt machen zu müssen**

Ein Kind braucht **keine Superheldin**, sondern eine **ehrliche, präsente, atmende Mama oder einen echten Papa.**

Fazit:

Selbstregulation ist wie ein Muskel, den wir auch als Erwachsene trainieren können. Nicht, um immer ruhig zu bleiben – sondern um **authentisch**, **verbunden** und **handlungsfähig** zu bleiben.

Dein Kind braucht dich nicht perfekt. Es braucht **dich – in deiner echten, spürbaren Präsenz**. Und genau das üben wir in den nächsten Kapiteln weiter – mit Sprache, Haltung und konkreten Dialogen.

5. Kommunikation, die verbindet

Mit Worten Brücken bauen

Worte sind machtvoll. Sie können beruhigen oder verletzen, öffnen oder verschließen. Gerade im Familienalltag, wenn Emotionen hochkochen und Zeit knapp ist, rutschen uns oft Sätze heraus, die wir gar nicht so meinen – aber beim Kind tiefe Spuren hinterlassen.

In der Begleitung kindlicher Selbstregulation spielt **unsere Sprache eine Schlüsselrolle**: Sie formt, wie sich ein Kind selbst sieht, wie es seine Gefühle einordnet – und wie sicher es sich fühlt, wenn es scheitert oder überfordert ist.

Die Macht der Sprache: Was Eltern sagen sollten (und was lieber nicht)

Sprache wirkt. Und sie wirkt **immer** – nicht nur, wenn wir pädagogisch durchdacht reden. Zwischen einem „Du übertreibst schon wieder!" und einem „Ich sehe, dass das gerade richtig schwer für dich ist" liegt ein ganzer emotionaler Kontinent.

Was Kinder oft hören (und was es bei ihnen auslösen kann):
- „Jetzt beruhig dich endlich!" → (Ich bin falsch, so wie ich bin.)
- „Du bist aber empfindlich." → (Meine Gefühle sind zu viel.)

- „Reiß dich zusammen." → (Ich bin allein mit meinem Stress.)
- „Wenn du so weitermachst, dann …!" → (Ich werde nur geliebt, wenn ich funktioniere.)

Was Kinder stattdessen brauchen:

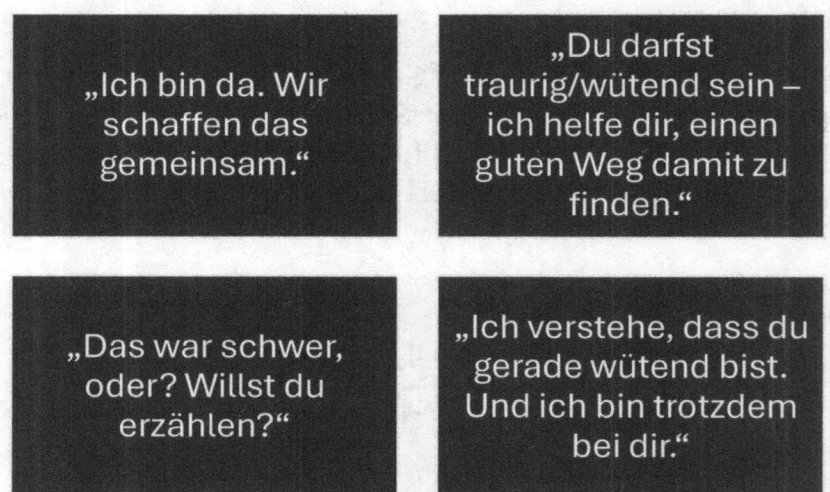

Solche Sätze sind **keine Schwäche**, sondern **emotionale Führung**. Sie zeigen dem Kind: „Deine Gefühle sind in Ordnung. Und du bist nicht allein damit."

DBT-Tools für Zuhause: Validierung, Ich-Botschaften, Emotions-Coaching

Die **Dialektisch-Behaviorale Therapie (DBT)** bietet eine Fülle von Ansätzen, die auch im Familienalltag hilfreich und alltagstauglich sind – besonders, wenn Kinder stark emotional reagieren.

1. Validierung – Gefühle anerkennen, ohne sie zu verstärken

Validierung bedeutet: **Ich nehme wahr, was du fühlst – und signalisiere dir, dass es in Ordnung ist, so zu empfinden.**

Beispiel:

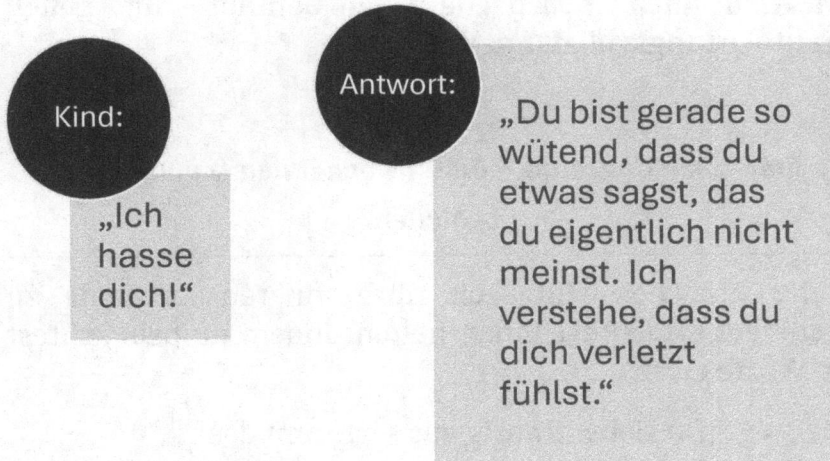

Kind: „Ich hasse dich!"

Antwort: „Du bist gerade so wütend, dass du etwas sagst, das du eigentlich nicht meinst. Ich verstehe, dass du dich verletzt fühlst."

Validierung ist nicht gleich Zustimmung. Es ist eine Brücke, damit das Kind sich wieder selbst spüren kann.

2. Ich-Botschaften – ehrlich, klar und deeskalierend

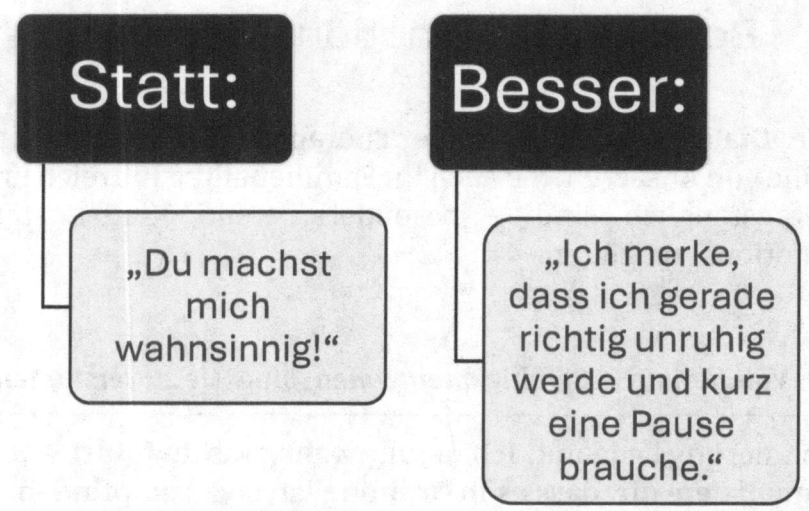

Ich-Botschaften verhindern Schuldzuweisungen und zeigen dem Kind: **Auch Erwachsene haben Gefühle – und gehen verantwortungsvoll damit um.**

3. Emotions-Coaching – Gefühle benennen & gemeinsam begleiten

Kinder brauchen Hilfe, um ihre inneren Zustände zu verstehen. Du kannst ihnen helfen, indem du beobachtest und Worte gibst:

- „Du siehst traurig aus – stimmt das?"
- „Dein Bauch ist ganz angespannt. Bist du wütend oder eher nervös?"
- „Wollen wir zusammen rausfinden, was dir gerade helfen könnte?"

So lernt das Kind Schritt für Schritt, **seine Gefühle zu erkennen, zu benennen und zu regulieren.**

Von der Strafe zur Zusammenarbeit: Lösungsorientierte Gespräche

Strafen führen selten zur Einsicht – oft nur zur Anpassung aus Angst. Was Kinder langfristig brauchen, ist **Beteiligung statt Bedrohung, Verantwortung statt Gehorsam**.

Wie sieht ein lösungsorientiertes Gespräch aus?

Ankommen & regulieren:
„Lass uns erst mal tief durchatmen, bevor wir reden."

Wahrnehmen & beschreiben:
„Ich habe gesehen, dass du heute deinem Bruder das Spielzeug weggenommen hast."

Gefühle erkunden:
„Was war in dem Moment los in dir?"

Gemeinsam überlegen:
„Was können wir das nächste Mal anders machen?"

Vertrauen schenken:
„Ich weiß, dass du das schaffen kannst. Und ich bin da, um dir zu helfen."

Solche Gespräche brauchen keine perfekte Stimmung – sie brauchen nur **Echtheit, Zeit und den Willen, nicht gegeneinander, sondern miteinander zu arbeiten**.

Fazit:

Kommunikation ist der Schlüssel zu Beziehung – und Beziehung ist der Schlüssel zur Selbstregulation. Deine Worte können das Fundament sein, auf dem dein Kind **Vertrauen, Sicherheit und Ausdruckskraft** entwickelt. Mit etwas Übung, Achtsamkeit und Herz wird Sprache nicht zum Werkzeug der Kontrolle, sondern zum **Medium der Verbindung.**

TEIL III – DAS KIND STÄRKEN

6. Gefühle benennen – statt unterdrücken

Wenn Sprache das Innere sichtbar macht

Emotionen als Freunde: Wie Kinder sich selbst verstehen lernen

Gefühle sind wie innere Gäste – sie kommen, sie bleiben eine Weile, sie gehen wieder. Manche sind laut, andere leise. Einige stürmen herein, andere klopfen zaghaft an. Doch alle wollen eins: **gesehen werden**.

Für Kinder ist der emotionale Kosmos riesig – aber noch ohne Landkarte. Sie spüren Wellen aus Wut, Trauer, Angst oder Freude, aber oft fehlt ihnen **das Vokabular**, um auszudrücken, was in ihnen passiert.

Und wenn Worte fehlen, übernehmen Körper und Verhalten die Kommunikation: durch Schreien, Verweigern, Weinen oder Rückzug. Hier beginnt unsere Aufgabe: **Gefühlen Worte geben, bevor sie zu Verhalten werden.**

Denn:

Kinder, die ihre Gefühle benennen können, müssen sie nicht „herausschreien".

Wenn wir Gefühle nicht als Problem, sondern als **wichtige Botschafter** verstehen, helfen wir unseren Kindern, sich selbst zu verstehen – und langfristig zu regulieren.

Die „Gefühls-Ampel", das Emotions-Wetter und andere Tools

Kinder lernen über Bilder, Farben, Rituale und Wiederholungen. Deshalb sind **visuelle Tools** ideal, um Emotionen greifbar und besprechbar zu machen.

Die Gefühls-Ampel (Rot–Gelb–Grün)

 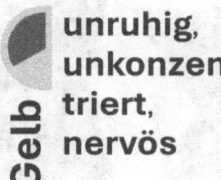 

Das Kind kann durch Klammern, Magnete oder Fingerzeigen zeigen, „wo es gerade steht".

Ziel ist nicht „immer grün", sondern bewusst wahrnehmen, wann es Richtung Rot kippt – und gemeinsam Werkzeuge finden.

Das Emotions-Wetter

Das Kind beschreibt seinen inneren Zustand wie das Wetter:

- „Heute ist es sonnig in mir."

- „Ich habe Sturm im Bauch."
- „In meinem Herzen regnet es gerade."

So lernt das Kind, Emotionen **bildhaft und spielerisch** auszudrücken – ohne bewertet zu werden.

Weitere kreative Tools:

Gefühlsmonster-Karten oder Emoji-Würfel

Ein eigenes „Wut-Buch" malen: „Was passiert in mir, wenn ich wütend bin?"

Gefühls-Spiegelübungen: Mimiken im Spiegel nachmachen, benennen und „übersetzen"

Wut, Angst, Trauer, Freude – alles hat Platz

In vielen Familien gibt es „erlaubte" und „unerwünschte" Gefühle. Freude ist willkommen – Wut wird verurteilt. Trauer wird schnell „weggetröstet". Angst soll man „einfach vergessen".

Doch emotionale Gesundheit entsteht nicht durch Verdrängung, sondern durch **Anerkennung und Ausdruck**. Jedes Gefühl hat eine Funktion – und verdient einen Platz.

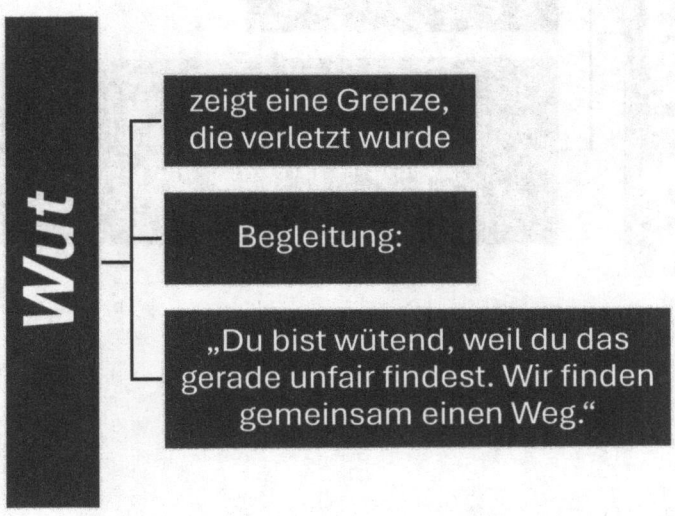

Wut
- zeigt eine Grenze, die verletzt wurde
- Begleitung:
- „Du bist wütend, weil du das gerade unfair findest. Wir finden gemeinsam einen Weg."

VOM WUTANFALL ZUM RUHEPOL

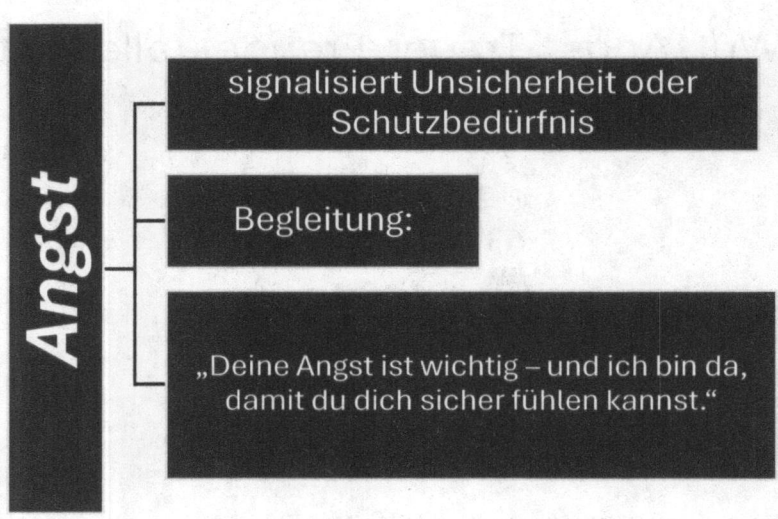

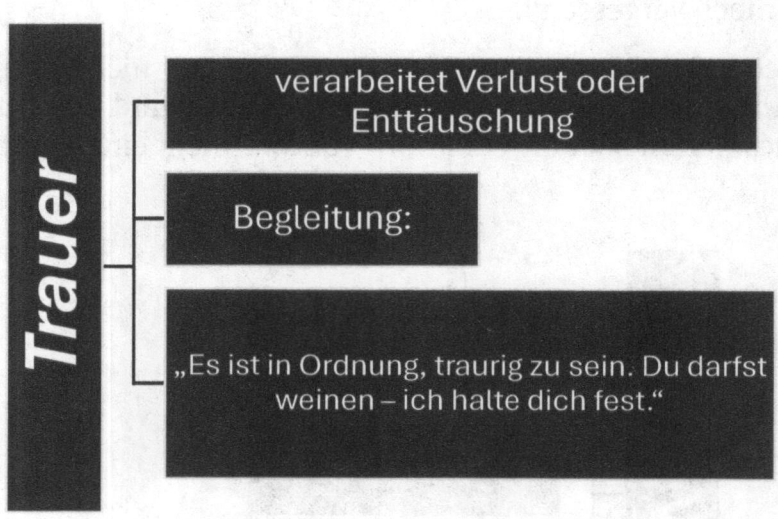

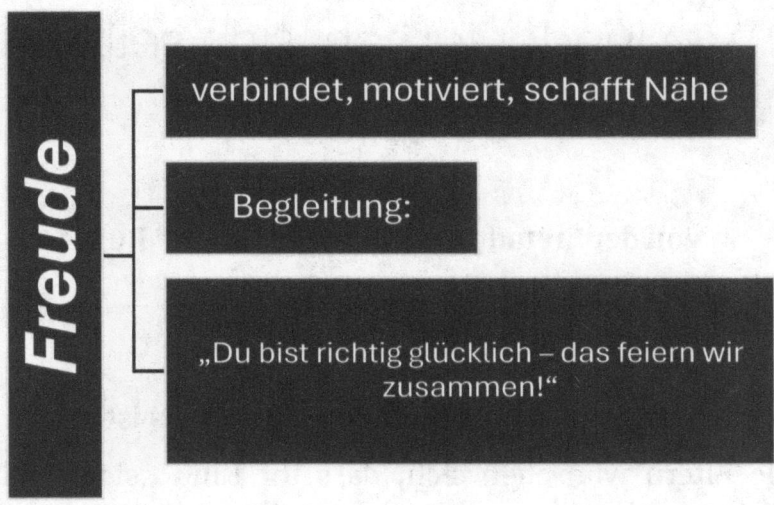

Indem wir alle Emotionen zulassen und in Worte fassen, geben wir Kindern eine innere Landkarte. Eine, die sie ihr ganzes Leben begleitet.

Fazit:

Ein Kind, das seine Gefühle kennt und ausdrücken darf, ist nicht nur besser reguliert – es ist **stärker, mutiger, menschlicher**. Gefühle zu benennen ist keine Kleinigkeit – es ist der erste Schritt zur inneren Freiheit.

Als Eltern sind wir die Übersetzer ihrer inneren Welt – bis sie selbst sprechen lernen. Und das ist kein kleiner Dienst. Es ist **ein Geschenk fürs Leben**.

7. Wie Kinder lernen, sich selbst zu beruhigen

Von der Fremdregulation zur inneren Ruhe

Warum Selbstberuhigung kein Automatismus ist

Viele Eltern wünschen sich, dass ihr Kind „sich endlich selbst beruhigen kann". Doch Selbstberuhigung ist **keine Fähigkeit, die einfach mit dem Alter kommt** – sie wird erlernt, erfahren und durch Beziehung geformt. Kinder brauchen zunächst **Co-Regulation**, um irgendwann innere Regulation zu entwickeln.

Wir geben ihnen unsere Ruhe – damit sie ihre eigene finden.

Dieser Prozess beginnt mit Ritualen, Berührungen, Nähe – und führt Schritt für Schritt zu inneren Strategien, die das Kind selbst anwenden kann. Dafür braucht es Werkzeuge, Wiederholungen und Vertrauen.

Beruhigungstechniken für Kinder: von Kuschelecken bis Atemspielen

Hier einige konkrete Methoden, die Kindern helfen können, sich zu beruhigen – in der Kita, in der Schule oder zu Hause.

1. *Kuschelecke oder Ruheplatz*

Ein weicher Ort, ausgestattet mit Kissen, Decken, sensorischen Gegenständen (z. B. Anti-Stress-Bälle, Textilstrukturen), kleinen Büchern oder Hörgeschichten.

Nicht als Strafe, sondern als **Zufluchtsort** zur Selbstregulation.

VOM WUTANFALL ZUM RUHEPOL

2. Atemspiele

Kinder lernen am besten spielerisch. Hier zwei einfache Übungen:

- **Drachenatem** / Tief einatmen – und dann mit Geräusch „Feuer auspusten" (zischend oder brüllend). / Hilft besonders bei Wut oder innerem Druck.

- **Blumenatmung** / „Stell dir vor, du riechst an einer Blume." → langsam einatmen / „Und jetzt puste vorsichtig eine Kerze aus." → langsam ausatmen / Verbindet Fantasie mit Beruhigung.

3. Lieblingsgegenstand

Ein Tuch, Stofftier oder ein kleiner „Mutstein" (mit dem Kind bemalt), den es in der Hand halten kann, wenn die Gefühle zu stark werden. Das Objekt wird zum **emotionalen Anker**.

Spiele & Rituale zur Regulation (mit Spielanleitungen!)

Spiele helfen, Impulskontrolle, Achtsamkeit und Körperwahrnehmung zu trainieren. Hier ein paar einfache, bewährte Ideen:

Stopp-Tanz

Musik läuft – alle tanzen. Musik stoppt – alle „frieren ein".

Fördert Impulskontrolle und Körperbewusstsein

Luftballon-Spiel

„Stell dir vor, du bist ein Ballon. Füll dich langsam mit Luft (Einatmen), dann lass die Luft ganz langsam wieder raus (Ausatmen mit Geräusch)."

Ideal zur Beruhigung vor dem Schlafen oder bei Anspannung

Gefühlswürfel

Ein Würfel mit Bildern oder Begriffen: Wut, Trauer, Freude, Angst, Stolz, Langeweile

Fördert Emotionswahrnehmung & Ausdruck

Kind würfelt – und erzählt, wann es sich so gefühlt hat.

Kerze der Ruhe

Jeden Abend wird eine symbolische Kerze angezündet (echt oder LED). Das Kind darf sagen: „Heute war ich..." und „Ich wünsche mir für morgen..."

Einfache Abendreflexion für emotionale Ordnung

„Wenn du wütend bist, kannst du..." – konkrete Alternativen zur Eskalation

Kinder wissen oft **nicht**, was sie tun sollen, wenn sie überflutet sind von Emotionen. Gib ihnen Optionen – nicht moralisch, sondern praktisch:

Wenn du wütend bist...	*kannst du...*
... stampfen wie ein Elefant	... um deine Kraft zu spüren
... ein Kissen boxen	... damit du nichts und niemanden verletzt
... ein Wutbild malen	... um auszudrücken, was du fühlst
... rausrennen und „Stopp!" rufen	... damit du Dampf ablassen kannst
... tief wie ein Löwe atmen	... um deinen Bauch zu entspannen

Diese Strategien kannst du mit deinem Kind **spielerisch üben, gemeinsam aufschreiben oder malen** und in greifbarer Nähe aufbewahren (z. B. als „Wut-Kartei" oder auf dem Kühlschrank).

Fazit: Selbstberuhigung ist ein Prozess – kein Ziel. Kinder lernen sie **nicht in der Krise, sondern im Alltag**. Und sie lernen sie **nicht allein, sondern mit dir**. Je öfter du deinem Kind zeigst: „Es gibt Wege aus dem Sturm", desto eher wird es sie selbst finden – und eines Tages ganz ohne deine Hand gehen.

8. Loben, ermutigen, stärken

Echte Anerkennung statt leeres Lob

Was Kinder wirklich stärkt

Kinder wollen gesehen werden – nicht bewertet. Wenn sie etwas bauen, etwas malen, helfen, sich anstrengen oder etwas Neues wagen, dann brauchen sie nicht unbedingt ein lautes „Super!" – sondern ein **ehrliches, interessiertes Gegenüber**. Jemanden, der **ihre Mühe, ihren Mut oder ihren Fortschritt erkennt**, statt nur das Endergebnis zu beurteilen.

In vielen Familien ist das Loben eine Art Reflex geworden. Gut gemeint, schnell ausgesprochen, oft einseitig:

- „Toll gemacht!"
- „Wie schön das aussieht!"
- „Du bist ein braves Kind!"

Doch diese Art des Lobs – nennen wir es **leeres Lob** – ist oft **zu allgemein, zu oberflächlich oder zu manipulierend**, um echte Wirkung zu entfalten. Manchmal sagen wir es sogar, um ein Verhalten zu steuern:

„Wenn du jetzt mitmachst, bekommst du ein Lob!"

„Jetzt bist du wieder lieb – so mag ich dich!"

Für das Kind bedeutet das:

Ich bekomme Anerkennung, wenn ich etwas richtig mache. Wenn ich mich anpasse. Wenn ich funktioniere.

Doch was passiert, wenn es scheitert? Wenn es langsamer ist als andere, wütend, traurig, unkonzentriert oder abgelenkt?

Dann bleibt oft: **Stille. Oder Kritik.**

Und genau hier entsteht das Risiko: Das Kind lernt, seinen Wert **von äußerer Zustimmung abhängig zu machen**. Es entwickelt ein Selbstbild, das nicht aus dem Inneren kommt, sondern ständig nach Bestätigung im Außen sucht.

Was ist echte Anerkennung?

Echte Anerkennung ist etwas völlig anderes. Sie:

- basiert auf **echter Wahrnehmung** statt auf Urteil
- beschreibt, was **tatsächlich passiert ist**
- würdigt den **Weg, nicht nur das Ziel**
- ist **bedingungslos – nicht an Leistung geknüpft**

Sie sagt zum Beispiel:

- „Du hast das ganz alleine ausprobiert – wie mutig!"
- „Ich sehe, wie du dich gerade anstrengst, auch wenn es schwierig ist."
- „Du hast deiner Schwester wirklich gut zugehört."
- „Du hast aufgegeben – und dann doch weitergemacht. Das ist stark."

Anerkennung bedeutet: **Ich sehe dich. Ich bin bei dir. Ich nehme dich ernst.**

Es geht nicht darum, alles gut zu heißen. Sondern darum, **das Kind in seinem Prozess zu begleiten** – mit Sprache, die stärkt, statt bewertet.

Was passiert im Kind, wenn es echte Anerkennung erfährt?

Kinder, die regelmäßig echte Anerkennung erhalten, entwickeln:

- ein **stabiles Selbstwertgefühl**
- **innere Motivation**, auch ohne äußere Belohnung
- die Fähigkeit, sich selbst realistisch einzuschätzen
- **Widerstandskraft** bei Fehlern oder Kritik
- ein Gefühl von **Würde und Integrität**

Sie lernen, dass sie **nicht perfekt sein müssen**, um wertvoll zu sein. Dass **Fehler zum Lernen gehören**. Dass **Bemühen genauso wichtig ist wie Erfolg**.

Die Gefahr: Anerkennung verwechseln mit Kontrolle

Oft rutscht man – ohne es zu merken – von echter Anerkennung in versteckte Kontrolle. Zum Beispiel:

- „Du bist aber fleißig heute!" → Erwartung: Bleib so.
- „So lieb bist du nur, wenn du ausgeschlafen bist!" → Das Verhalten wird an Bedingungen geknüpft.
- „Ich bin stolz auf dich, wenn du ruhig bleibst." → Kind spürt: Liebe ist leistungsabhängig.

Solche Sätze wirken wie Lob, aber sie erzeugen Druck. Das Kind **passt sich an**, um Anerkennung nicht zu verlieren – statt sich **frei zu entwickeln**.

Wie gelingt echte Anerkennung im Alltag?

Hier ein paar einfache Tipps:

- **Beobachte statt bewerte:** Sag, was du siehst, nicht was du denkst, dass es sein sollte.

z. B. „Du hast deine Jacke ganz alleine angezogen." statt „Super gemacht!"

- **Beschreibe Details:**

„Ich habe gesehen, dass du ganz ruhig geblieben bist, obwohl es laut war."

- **Erkenne Bemühungen an, nicht nur Resultate:**

„Du hast es heute drei Mal versucht – das ist stark!"

- **Vermeide Vergleiche und Etiketten:**

Nicht: „Du bist der Beste!" sondern: „Du hast es auf deine Art geschafft."

Fazit:

Echte Anerkennung ist **still, klar und wirksam**. Sie sagt nicht „Du bist gut, wenn...", sondern:

„Ich bin bei dir. Ich sehe, was du tust. Und ich freue mich, dich zu begleiten – so wie du bist."

So entsteht Selbstvertrauen, das nicht von außen kommt – sondern **im Inneren wächst**.

Prozesslob vs. Ergebnislob

Lernen würdigen statt Leistung feiern

Nicht jedes Lob ist hilfreich. Manche Sätze, die motivierend gemeint sind, bewirken das Gegenteil: sie setzen unter Druck, machen Kinder abhängig von Erfolg – oder lassen sie im Schatten des Versagens zurück.

Ein zentrales Konzept in der modernen Pädagogik und Motivationsforschung ist deshalb die Unterscheidung zwischen:

Ergebnislob
- „Du bist so klug!"
- „Du hast gewonnen!"

Prozesslob
- „Du hast lange geübt!"
- „Du bist drangeblieben, obwohl es schwer war."

Diese beiden Formen von Lob unterscheiden sich nicht nur sprachlich – sondern in ihrer **psychologischen Wirkung** auf das Kind. Und genau hier liegt ein großer Hebel für **Selbstregulation, Motivation und Resilienz**.

Was ist Ergebnislob – und warum ist es riskant?

Ergebnislob fokussiert auf das Endprodukt, auf das Gewinnen, das „Richtigmachen". Es sieht nur das Resultat – und blendet den Weg dorthin aus.

Beispiele:

- „Du hast eine Eins geschrieben – super!"
- „Du bist der Schnellste!"
- „Das ist perfekt geworden!"
- „Du bist ein echtes Mathe-Genie!"

Die Gefahr:

- Das Kind lernt, **sich über Ergebnisse zu definieren**.
- Fehler werden als **Scheitern** erlebt.
- Es entwickelt sich eine **Leistungsfixierung** („Ich bin nur dann wertvoll, wenn ich gut bin.")
- Das Kind entwickelt Angst, zu versagen – und meidet Herausforderungen.

Ergebnislob stärkt kurzfristig das Ego, aber **nicht die innere Stärke**. Und es schwächt die Motivation, wenn es keine Erfolge gibt.

Was ist Prozesslob – und warum ist es so wirksam?

Prozesslob richtet sich auf das, was wirklich zählt: **Anstrengung, Ausdauer, Problemlösestrategien, Mut, Kreativität**.

Es würdigt nicht den Sieg, sondern **den Weg**. Und genau dieser Weg ist es, der Selbstregulation, emotionale Intelligenz und Widerstandskraft wachsen lässt.

Beispiele:

„Du hast dich konzentriert, obwohl es laut war."	„Ich habe gesehen, dass du nicht aufgegeben hast."
„Du hast dir etwas Neues überlegt – tolle Idee!"	„Du hast einen Fehler gemacht – und dann selbst nach einer Lösung gesucht."

Die Wirkung:

Das Kind fühlt sich **gesehen für sein Bemühen**, nicht nur für sein Können.	Es lernt, dass **Fehler Teil des Lernprozesses** sind.
Es wird **offener für neue Herausforderungen** („Ich darf ausprobieren und wachsen.")	Es entwickelt eine **Wachstumsmentalität** (Growth Mindset): „Ich kann lernen und mich weiterentwickeln."

Vergleichstabelle

Thema	Ergebnislob	Prozesslob
Fokus	Ergebnis, Leistung, Erfolg	Weg, Strategie, Anstrengung
Botschaft	„Du bist gut, weil du gewonnen hast."	„Du bist mutig, weil du es versucht hast."
Motivation	äußerlich (Belohnung, Anerkennung)	innerlich (Freude, Selbstwirksamkeit)
Umgang mit Fehlern	Vermeidung, Scham	Akzeptanz, Lernchance
Langzeitwirkung	Druck, Angst vor Misserfolg	Selbstvertrauen, Resilienz

Wie du im Alltag mit Prozesslob stärkst

- Beobachte **konkret**, was dein Kind tut.
- Beschreibe den **Weg**, nicht das Ziel.
- Feiere Mut, Neugier, Durchhalten, Lösungen – **nicht Perfektion**.
- Stelle **offene Fragen**: „Wie hast du das geschafft?" / „Was war am schwierigsten?"
- Vermeide Etiketten („du bist ein Genie") – sie wirken blockierend.

Fazit:

Kinder brauchen kein ständiges Schulterklopfen – sie brauchen Menschen, die **ihre Entwicklung mit echter Aufmerksamkeit begleiten**. Prozesslob zeigt ihnen:

„**Ich sehe, was in dir wächst – nicht nur, was du vorzeigst.**"

Und genau das ist das wahre Fundament für lebenslange Motivation, Freude am Lernen und innere Stärke.

Motivation & Vorbereitung auf das „echte Leben"

Kinder innerlich stark machen – nicht nur brav und angepasst

Was Kinder wirklich motiviert – und warum Belohnungssysteme oft zu kurz greifen

In vielen Elternratgebern liest man: „**Lobe richtig – dann macht dein Kind weiter.**" Oder: „**Belohnung führt zu Motivation.**" Und ja – kurzfristig funktioniert das oft. Ein Sticker, ein Lob, ein Gummibärchen – und das Kind „funktioniert".

Aber: Das ist keine Motivation, sondern **Dressur**.

Das Kind lernt: *Ich mache etwas,* **damit** *ich etwas bekomme.*

➡ Was passiert, wenn die Belohnung ausbleibt? Oder wenn es einmal nicht gelobt wird?

Dann fehlt die **innere Triebkraft** – die echte, tragfähige Motivation, die bleibt, auch wenn es schwierig wird. Die Motivation, die **vom Kind selbst kommt** – aus seinem Interesse, seiner Neugier, seiner Freude am Tun.

Kinder brauchen Sinn, Selbstwirksamkeit und Beziehung

Echte Motivation entsteht, wenn drei Dinge zusammenkommen:

1. **Sinn**: Das Kind versteht, *warum* es etwas tut. – „Ich lerne, damit ich etwas Neues verstehe." – „Ich helfe, weil ich Teil der Familie bin."

2. **Selbstwirksamkeit**: Das Kind spürt: *Ich kann etwas bewirken.* – „Ich durfte selbst entscheiden – und es hat funktioniert." – „Ich habe es alleine geschafft – nicht, weil jemand es für mich gelobt hat."

3. **Beziehung**: Das Kind fühlt sich sicher und gesehen. – „Ich bin nicht allein – auch wenn es schwer ist." – „Ich werde begleitet, nicht bewertet."

Wenn Kinder sich verbunden, selbstwirksam und verstanden fühlen, entsteht ein innerer Antrieb, der **nicht durch Druck oder Strafe ersetzt werden kann**.

Vorbereitung auf das „echte Leben": Was das wirklich bedeutet

Viele Eltern sagen:

„Aber das echte Leben funktioniert doch auch mit Leistung. Sie müssen lernen, sich anzupassen."

Stimmt – das Leben stellt Anforderungen. Aber was hilft Kindern, damit umzugehen?

- **Gehorsam?** – Das funktioniert nur, solange jemand Anweisungen gibt.
- **Funktionieren um jeden Preis?** – Das führt zu Erschöpfung, Angst und Selbstzweifeln.
- **Innere Stärke, Flexibilität und Selbstkenntnis?** – Genau das brauchen Kinder wirklich.

Das echte Leben verlangt:

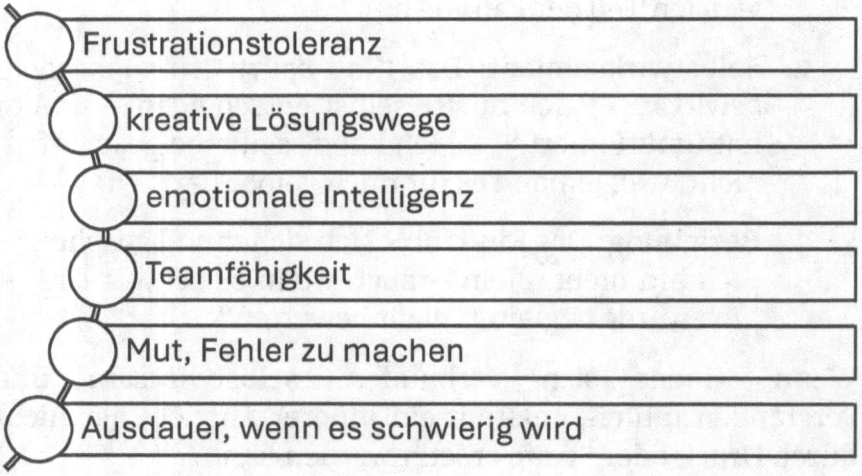

- Frustrationstoleranz
- kreative Lösungswege
- emotionale Intelligenz
- Teamfähigkeit
- Mut, Fehler zu machen
- Ausdauer, wenn es schwierig wird

Diese Fähigkeiten lernt ein Kind **nicht durch Kontrolle**, sondern durch ein Umfeld, in dem **Fehler erlaubt sind, Mitbestimmung möglich ist, und Lernen als Prozess verstanden wird.**

Was Eltern konkret tun können, um echte Motivation zu fördern

- Lass dein Kind mitentscheiden – auch bei kleinen Dingen ❋ z. B. „Willst du zuerst den Tisch decken oder dein Zimmer aufräumen?"

- Gib Raum zum Ausprobieren und Scheitern ❋ z. B. „Du darfst Fehler machen – ich bin da, wenn du Hilfe brauchst."

- Stell offene Fragen ❋ z. B. „Was denkst du, wie wir das lösen können?"

- Schaffe Rituale für Verantwortung ❋ z. B. Wochenpläne, Mitmachlisten, Familienkonferenzen

- Feiere den Mut, etwas **versucht zu haben** – nicht nur, es geschafft zu haben

---

Fazit:

Das „echte Leben" verlangt keine perfekten Kinder – sondern **Menschen, die gelernt haben, mit Herausforderungen innerlich stark umzugehen.**

Nicht angepasst, sondern authentisch.

Nicht brav, sondern bewusst.

Nicht geleitet von Angst – sondern von dem Gefühl:

„Ich darf wachsen. Ich darf scheitern. Ich darf meinen Weg finden."

Und genau das ist das größte Geschenk, das du deinem Kind machen kannst.

Beispielsätze für motivierende Kommunikation

Mit Worten das Wachstum fördern

---

1. Motivation durch Anerkennung des Prozesses

Kinder fühlen sich stärker, wenn sie sehen, dass ihr **Bemühen** gewürdigt wird – nicht nur das Ergebnis. Hier einige Beispiele:

- „Ich habe gesehen, wie du dich bemüht hast, auch als es schwer war. Das ist wirklich stark!"
- „Du hast heute wirklich konzentriert gearbeitet. Ich bin stolz auf dich!"
- „Es war nicht einfach, aber du hast trotzdem weitergemacht. Du kannst richtig stolz auf dich sein!"
- „Du hast dir viel Mühe gegeben – und das merkt man!"

Diese Sätze betonen die **Anstrengung**, den **Fokus** und das **Durchhaltevermögen**, unabhängig vom Ergebnis. Kinder lernen so, dass **die Reise genauso wichtig ist wie das Ziel**.

---

2. Fehler als Lernchance anerkennen

Ein Kind, das weiß, dass Fehler ein Teil des Lernprozesses sind, wird sich **nicht vor Misserfolgen fürchten**, sondern wird **wieder aufstehen und weitermachen**.

- „Du hast einen Fehler gemacht, aber das ist okay! Fehler gehören dazu. Was können wir das nächste Mal anders machen?"
- „Oh, das hat nicht geklappt – aber du hast eine neue Lösung ausprobiert. Wie cool ist das?"
- „Jeder Fehler bringt uns einen Schritt weiter. Du hast jetzt schon so viel gelernt!"
- „Das war nicht einfach, aber du bist nicht aufgegeben. Das ist eine tolle Fähigkeit."

Indem du **Fehler entstigmatisierst**, hilfst du deinem Kind, **Selbstvertrauen zu entwickeln**, auch wenn es mal nicht perfekt läuft.

---

3. Selbstständigkeit fördern

Kinder brauchen **Entscheidungsfreiheit** und **Verantwortung**, um sich selbst als fähig zu erleben. Hier einige Sätze, die **Unabhängigkeit** und **Selbstwirksamkeit** fördern:

- „Du hast die Entscheidung selbst getroffen – und es war genau die richtige!"
- „Du hast die Aufgabe alleine geschafft. Wie hast du das gemacht?"
- „Du hast den Plan selbst erstellt und ihn Schritt für Schritt umgesetzt. Wirklich beeindruckend!"
- „Es war deine Wahl, den Weg zu gehen – und du hast es geschafft!"

Diese Sätze vermitteln dem Kind, dass **es selbst wirksam ist** und **Verantwortung übernehmen kann**.

4. Positive Verstärkung bei Anstrengung und Ausdauer

Es ist wichtig, dass Kinder spüren, dass es nicht nur um das Endergebnis geht, sondern um die **Anstrengung und Ausdauer**, die sie in den Prozess gesteckt haben.

- „Ich sehe, wie du dran bleibst – das ist wirklich toll!"
- „Du hast heute lange durchgehalten, obwohl es anstrengend war. Das zeigt wahre Stärke!"
- „Es braucht viel Geduld, etwas Neues zu lernen, aber du bist auf dem richtigen Weg!"
- „Es ist nicht einfach, aber du machst Fortschritte – und das ist das Wichtigste."

Wenn Kinder merken, dass ihre **Ausdauer** gewürdigt wird, sind sie motiviert, auch in schwierigen Momenten **weiterzumachen**.

5. Motivation durch emotionale Unterstützung

In stressigen oder schwierigen Momenten brauchen Kinder vor allem **emotionale Sicherheit** und Unterstützung. Hier ein paar Sätze, die das Kind **in seiner emotionalen Reise begleiten**:

- „Ich sehe, dass du gerade richtig wütend bist. Ich bin da, wenn du darüber sprechen möchtest."
- „Es tut mir leid, dass du dich so fühlst. Möchtest du mir erzählen, was passiert ist?"
- „Es ist okay, traurig zu sein. Ich bin hier, um dich zu unterstützen."

- „Ich verstehe, dass du nervös bist. Du bist nicht alleine – wir gehen das zusammen an."

Diese Sätze schaffen **Vertrauen** und **Raum für Gefühle**, wodurch das Kind lernt, dass es **auf sich selbst und auf andere** vertrauen kann.

6. Zusammenarbeit und Teamarbeit fördern

Kinder, die verstehen, dass sie nicht allein sind, sondern als Teil eines Teams arbeiten, fühlen sich **unterstützt** und **gemeinsam stark**. Hier einige Beispiele für den Dialog:

- „Du hast wunderbar mit deinem Bruder zusammengearbeitet. Gemeinsam könnt ihr richtig viel erreichen!"
- „Es war nicht einfach, aber du hast mit deinem Freund zusammengehalten. Toll, wie ihr euch gegenseitig unterstützt!"
- „Ich habe gesehen, wie du mit deinen Freunden zusammen eine Lösung gefunden hast – das ist echte Teamarbeit!"
- „Ihr habt zusammen so viele Ideen entwickelt! So macht Zusammenarbeit Spaß."

Diese Sätze betonen **Kooperation** und **gegenseitige Unterstützung**. Kinder lernen, dass **Teamarbeit** genauso wertvoll ist wie **Eigenständigkeit**.

7. Geduld und Durchhaltevermögen belohnen

Kinder, die lernen, **Geduld** zu üben und **nicht sofortige Belohnung** zu erwarten, entwickeln eine tiefere **innere**

Motivation. Hier sind einige Sätze, die diese Fähigkeit fördern:

- „Du hast geduldig gewartet, und jetzt ist es endlich soweit. Es hat sich gelohnt!"
- „Ich sehe, wie du ruhig bleibst, auch wenn du auf etwas warten musst. Das ist beeindruckend!"
- „Du hast die ganze Zeit ruhig und konzentriert gearbeitet – das zeigt wahre Ausdauer!"
- „Es ist nicht einfach, aber du hast geduldig weitergemacht – und jetzt hast du es geschafft!"

Durch diese Art der **Lob- und Anerkennung** förderst du nicht nur die Fähigkeit zur Selbstregulation, sondern auch die **Vorbereitung auf die Herausforderungen des Lebens**.

Fazit

Mit den richtigen Worten können wir **innere Stärke** und **Motivation** fördern. Wenn Kinder wissen, dass ihre **Anstrengung**, ihre **Geduld**, ihr **Durchhaltevermögen** und ihre **Fehler** anerkannt werden, lernen sie, **sich selbst zu vertrauen** und ihre eigenen Ressourcen zu nutzen.

Die **wahrhaftige Anerkennung des Prozesses** statt nur des Ergebnisses ist eine der **wichtigsten Säulen** für gesunde Selbstregulation und **innere Motivation** – und die beste Vorbereitung auf das Leben.

....

TEIL IV – SPIELE, ÜBUNGEN & ALLTAGSHELFER

9. Spielerisch zur Selbstregulation (mit Eltern oder alleine)

Kooperationsspiele

Gemeinsam stark – Verbindung durch Spiel

Kinder lernen am besten durch Spiel. Und sie lernen am tiefsten, **wenn sie mit anderen gemeinsam etwas erleben**. Kooperationsspiele fördern nicht nur Teamgeist, sondern auch viele Elemente der Selbstregulation:

- **Impulskontrolle:** Warten, zuhören, nicht sofort reagieren
- **Emotionsregulation:** Frust aushalten, wenn etwas nicht klappt
- **Aufmerksamkeit:** Sich konzentrieren, Anweisungen folgen
- **Soziale Kompetenz:** Sich absprechen, gemeinsam Lösungen finden

Im Gegensatz zu klassischen Wettkampfspielen, bei denen es Gewinner und Verlierer gibt, geht es bei Kooperationsspielen darum:

"Wir schaffen das gemeinsam – oder gar nicht."

Warum Kooperationsspiele so wertvoll sind

- **Weniger Druck, mehr Verbindung:** Kinder erleben, dass sie **nicht besser sein müssen als andere**, um dazugehören zu dürfen.
- **Fehler sind erlaubt:** Es geht nicht um Perfektion, sondern um Miteinander.
- **Beziehung wird gestärkt:** Eltern und Kinder sind **gemeinsam im Spiel**, nicht gegeneinander.

Diese Spiele sind besonders geeignet für:
- Kinder mit **hohem Bewegungsdrang**
- Kinder mit **ADHS** oder Impulsstörungen
- **Geschwister**, die häufig streiten
- **Eltern-Kind-Beziehungen**, die neue Leichtigkeit brauchen

VOM WUTANFALL ZUM RUHEPOL

Spielideen für Zuhause

„Der magische Teppich"

Ziel: **Koordination & Teamarbeit**

| Material: Eine Decke oder ein großes Tuch | Spieler: 2–4 | Dauer: ca. 10 Min |

So geht's:

Alle stehen gemeinsam auf der Decke. Die Aufgabe: Dreht die Decke komplett um, **ohne sie zu verlassen**. Es geht nur, wenn alle mitdenken, mitmachen und aufeinander achten.

Lernwirkung: Impulskontrolle, Absprachen treffen, Perspektivwechsel

„Blindes Vertrauen"

Ziel: Vertrauen & Körperspannung

| Material: Augenbinde oder Tuch | Spieler: mind. 2 | Dauer: 5–10 Min |

So geht's:
Ein Kind hat die Augen verbunden, das andere führt es **durchs Zimmer** oder über einen kleinen Hindernisparcours – **nur mit der Stimme**, nicht mit der Hand.

Lernwirkung: Zuhören, Geduld, Vertrauen schenken und annehmen

„Gemeinsames Monster"

Ziel: Synchronisation & Zusammenarbeit

Material: keines | 👥 Spieler: 2–3 | 🕐 Dauer: 5 Min

So geht's:
Ein Kind ist der Kopf, ein anderes die Arme, das dritte die Beine. Zusammen bilden sie ein „Monster", das sich **nur bewegen kann, wenn alle zusammenarbeiten** – z. B. beim Gehen, Springen, Winken

Lernwirkung: Kommunikation, Körpersprache, Teamgeist

VOM WUTANFALL ZUM RUHEPOL

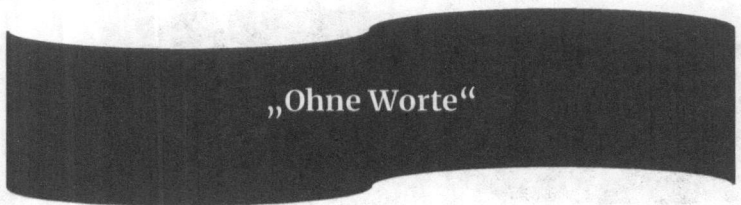

„Ohne Worte"

Ziel: **Nonverbale Kommunikation**

Material: Zettel mit Aufgaben (z. B. „ein Turm bauen", „eine Geschichte darstellen") | Spieler: 2+ | Dauer: 10 Min

So geht's: Die Gruppe muss eine Aufgabe gemeinsam lösen – **ohne zu sprechen**. Z. B. gemeinsam einen Turm aus Bauklötzen bauen

Das stärkt **Blickkontakt, Achtsamkeit und feine Signale**.

Lernwirkung: Frusttoleranz, Emotionsregulation, soziale Feinfühligkeit

Tipps für den Einsatz zu Hause

Macht die Spiele **regelmäßig**, nicht nur „wenn es Streit gibt"	Betont den Spaß, nicht die „pädagogische Absicht"
Lasst die Kinder **auch eigene Regeln erfinden**	Nach dem Spiel: **Reflexion** (z. B. „Was war leicht? Was war schwer? Was hat gut funktioniert?")

Fazit:

Kooperationsspiele sind mehr als Zeitvertreib. Sie sind **Mini-Trainingslager für das Leben** – voller Humor, Nähe und wertvoller Lerneffekte. Und das Beste: Man braucht **keine besonderen Materialien** – nur Zeit, Lust und ein bisschen Fantasie.

Impulskontroll-Spiele

Spielen, stoppen, fühlen, wachsen

Kinder sind Bewegung. Sie rennen los, bevor sie denken – und das ist normal. Die Fähigkeit, einen Impuls zu unterbrechen oder hinauszuzögern, ist **nicht angeboren**, sondern wird in der frühen Kindheit **trainiert und begleitet**.

Gerade bei Kindern mit ADHS oder starker innerer Unruhe kann es frustrierend sein, wenn sie „immer in Bewegung" sind oder „nicht aufhören können". Doch Druck, Strafen oder Ermahnungen helfen selten.

Was hilft?

Spielen – mit klaren Regeln, Wiederholungen und viel Spaß!

Impulskontroll-Spiele bieten Kindern einen geschützten Rahmen, um genau das zu üben:

innehalten, beobachten, warten, reagieren.

Warum solche Spiele wichtig sind

- trainieren das **Arbeitsgedächtnis** („Was soll ich machen?")
- fördern die **Reaktionskontrolle** („Warte kurz, jetzt darf ich...")
- stärken die **emotionale Frustrationstoleranz**
- machen Spaß – und genau dadurch **bleiben sie im Kopf**

Klassiker mit Wirkung

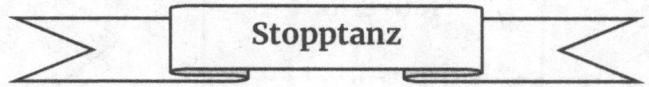
Stopptanz

Ziel: Bewegung stoppen auf akustisches Signal

Spieler: 2+

Musik läuft, alle tanzen – wenn die Musik stoppt, müssen alle **sofort stillstehen**

Varianten:
- mit unterschiedlichen Posen (z. B. Tierbewegungen)
- „Super-Stopp" mit eingefrorenem Gesichtsausdruck

Fördert: Körperkontrolle, schnelles Umschalten, Reaktionsbremse

VOM WUTANFALL ZUM RUHEPOL

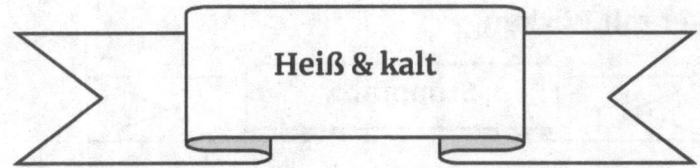

Heiß & kalt

Ziel: Zielobjekt finden, ohne impulsiv alles umzudrehen

 Spieler: 2

Ein Kind versteckt einen Gegenstand. Das andere sucht – gelenkt durch Hinweise:

„Heiß!" (nah dran) – „Kalt!" (weit weg)

Kind lernt: **sich zu bremsen, zu hören, geduldig zu sein.**

Fördert: Frustrationstoleranz, Aufmerksamkeitssteuerung, Hörverstehen

VOM WUTANFALL ZUM RUHEPOL

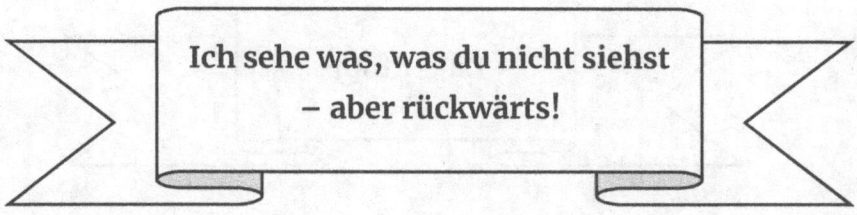

Ich sehe was, was du nicht siehst – aber rückwärts!

Ziel: Kognitive Flexibilität

Spieler: 2+

Ein Klassiker mit Twist: Das Kind muss die Farbe des Gegenstands rückwärts sagen.

z. B. Blau → uaLB

Variante: Nur flüstern oder mit einem bestimmten Tierlaut beginnen (z. B. „Miau, rot").

Fördert: Innehalten, Denken vor Sprechen, Humor & Konzentration

VOM WUTANFALL ZUM RUHEPOL

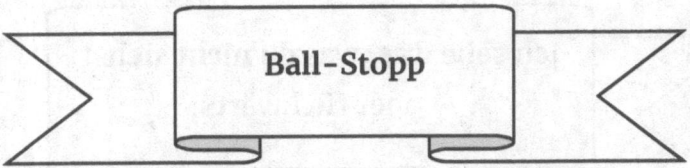
Ball-Stopp

Ziel: Bewegung stoppen auf visuelles oder akustisches Signal

Spieler: 2+

Ball wird gerollt oder geworfen. Auf Signal („Stopp!" oder eine Trillerpfeife) muss der Ball gestoppt oder losgelassen werden – keine Bewegung mehr!

Fördert: Körpergefühl, Impulskontrolle, Spiel mit Anspannung und Entspannung

VOM WUTANFALL ZUM RUHEPOL

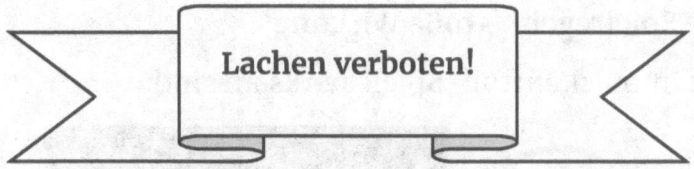

Lachen verboten!

Ziel: Emotionale Kontrolle spielerisch trainieren

Spieler: 2+

Ein Kind macht lustige Grimassen oder erzählt Witze – das andere darf nicht lachen

Variante: Wer lacht, macht einen Wackelpudding-Gang als Strafe

Fördert: Emotionsregulation, Frustration, Spaß an der Kontrolle

Kleine Spielregeln, große Wirkung

Damit Impulskontroll-Spiele wirksam sind:

- Erkläre **klar und einfach**, was das Ziel ist
- Wiederhole das Spiel regelmäßig – Kinder **lieben Wiederholungen**
- Reagiere **mit Humor und Gelassenheit** auf Regelbrüche
- Variiere die Schwierigkeit je nach Alter & Tagesform

Fazit: Impulskontrolle ist wie ein Muskel: **Er wächst durch Übung, nicht durch Druck.**

Diese Spiele machen Kindern nicht nur Spaß – sie helfen ihnen, im Alltag **besser zu warten, zuzuhören, zu reagieren**. Und sie zeigen:

Ich kann mich selbst steuern – wenn man mir Raum gibt, es zu lernen.

Emotions-Memory & Gefühlskarten

Spielen, fühlen, verstehen

Warum visuelle Emotionsspiele so wichtig sind

Kleine Kinder (und auch viele größere!) können ihre Gefühle nicht immer in Worte fassen. Manche spüren sie stark, wissen aber nicht, **wie sie heißen oder was sie bedeuten**. Andere zeigen Verhalten, das irritiert – obwohl im Inneren nur ein einfacher Gefühlssturm tobt.

Gefühlsspiele mit Bildern, Symbolen und Farben helfen Kindern, ihre Innenwelt sichtbar zu machen – und **sie mit anderen zu teilen**.

Diese Spiele sind ideal:

- für Kinder mit **sprachlichen Verzögerungen**
- bei **ADHS, Hochsensibilität oder Impulskontrollproblemen**
- in der Eltern-Kind-Kommunikation („Wie geht es dir wirklich?")
- zur **emotionalen Bildung in Gruppen** (Kita, Schule)

Was sind Gefühlskarten?

Gefühlskarten sind **illustrierte Karten mit Gesichtern, Tieren oder Symbolen**, die typische Emotionen darstellen:

Freude, Wut, Angst, Traurigkeit, Ekel, Überraschung, Stolz, Langeweile, Scham usw.

Man kann sie selbst basteln oder fertig kaufen. Wichtig ist: **vielfältige, kindgerechte Motive** und **klare Gesichtsausdrücke**.

Spielideen mit Gefühlskarten

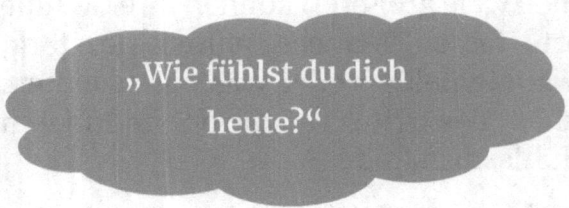

„Wie fühlst du dich heute?"

Kind wählt am Morgen eine Karte, die zur aktuellen Stimmung passt.

Optional: Darf sie auf die „Stimmungstafel" kleben

Ziel: Selbstwahrnehmung, tägliche Reflexion, Sprache fördern

„Wann hast du dich so gefühlt?"

Erwachsene zeigen eine Karte, das Kind erinnert sich an eine Situation, in der es dieses Gefühl erlebt hat

Ziel: Emotionen benennen + verorten, Erlebnisse einordnen

Gefühls-Geschichten erfinden

Ziehe 2–3 Gefühlskarten – und erfindet zusammen eine kurze Geschichte, in der diese Gefühle vorkommen

Ziel: Perspektivübernahme, Kreativität, emotionale Verarbeitung

Gefühlslotto

Jeder Spieler bekommt ein Tableau mit 4–6 Gefühlen. Dann werden Karten gezogen – wer das passende Gefühl hat, darf es zuordnen. Wer zuerst alle Gefühle erklärt hat, gewinnt.

Ziel: Hinhören, Gefühle erkennen, Erklären lernen

„Ich sehe was, das fühlt sich..."

Variante von „Ich sehe was, was du nicht siehst" – aber mit Emotionen!

Beispiel: „Ich sehe etwas, das sich wütend anfühlt..." → andere erraten: „Der rote Ball?"

Ziel: Gefühle mit Farben, Formen und Kontext verknüpfen

Emotions-Memory – klassisches Spiel, neu gedacht

Das klassische Memory-Spiel mit Emotionen funktioniert ganz einfach – aber mit **hohem pädagogischem Wert**.

Material:

- Paarweise Karten mit **gleichen Gefühlen**, dargestellt durch verschiedene Figuren, Tiere oder Symbole

Beispiel:

- Zwei Karten zeigen Wut – einmal ein wütendes Kind, einmal ein wütender Löwe

- Zwei Karten zeigen Freude – ein lachendes Gesicht & eine Sonne mit Herzchen

Spielregeln:

- wie klassisches Memory
- jedes Mal, wenn ein Paar gefunden wird: Kind benennt das Gefühl – und erzählt, **wann es sich selbst so gefühlt hat**

Ziel: Emotionale Kategorisierung, Gedächtnis, Ausdruck, Perspektivwechsel

Tipp: Gefühlskarten immer griffbereit

> Aufhängen im Kinderzimmer

> In der Kita auf einem „Emotionsboard"

> Mitnehmen als Set im Rucksack (z. B. in schwierige Situationen wie Arztbesuch, Trennung, Schule)

Fazit:

Gefühlskarten und Emotionsspiele sind **kleine Werkzeuge mit großer Wirkung**. Sie helfen Kindern, ihre Gefühle zu erkennen, zu benennen und zu verstehen – und fördern so die Grundlage jeder Selbstregulation:

Bewusstsein. Sprache. Verbindung.

10. Gemeinsam Lösungen finden

Konfliktgespräche auf Augenhöhe führen

Sprache als Brücke statt als Waffe

Konflikte gehören zum Familienleben. Sie entstehen dort, wo Menschen sich nahe sind – und wo Gefühle, Bedürfnisse und Grenzen aufeinandertreffen. Doch Konflikte müssen **nicht zerstören** – sie können verbinden, wenn wir lernen, sie **achtsam, respektvoll und lösungsorientiert zu führen**.

Viele Eltern kennen den Impuls:

„Jetzt reicht's! Geh sofort auf dein Zimmer!"

Oder: „Wenn du nochmal so redest, dann..."

Das Problem: Solche Sätze **brechen die Beziehung**, statt sie zu stärken. Sie lösen kurzfristig Ruhe aus – aber langfristig bleibt Frust, Machtkampf oder Rückzug.

Kinder lernen nur dann **echte Konfliktfähigkeit**, wenn sie erleben:

- Ich werde **ernst genommen**
- Ich darf **meine Sicht zeigen**
- Wir suchen **gemeinsam** nach Lösungen

Grundprinzipien für Gespräche auf Augenhöhe

1. **Ruhe zuerst – reden später** → Nie im „emotionalen Sturm" diskutieren. Erst gemeinsam beruhigen.

2. **Gefühle benennen, statt Verhalten bewerten** → „Du warst wütend" statt „Du warst frech".

3. **Ich-Botschaften statt Du-Vorwürfe** → „Ich war erschrocken, als du geschrien hast" statt „Du schreist immer!"

4. **Lösungsfokus statt Schuldfrage** → „Was können wir beim nächsten Mal anders machen?" statt „Warum hast du das getan?"

5. **Kooperation statt Kontrolle** → Kinder einbeziehen. Verantwortung lernen lassen.

Schritt-für-Schritt: Gesprächsstruktur für zu Hause

Verbindung schaffen: „Ich merke, da war gerade richtig viel los. Wollen wir kurz zusammen atmen?"

▶

Wahrnehmen & spiegeln: „Du warst richtig sauer, oder? Magst du erzählen, was passiert ist?"

Eigene Sicht mitteilen: „Ich habe gesehen, wie du das Spielzeug geworfen hast. Ich war erschrocken und wusste nicht, wie ich reagieren soll."

Bedürfnis klären: „Was hättest du in dem Moment gebraucht?"

Gemeinsam überlegen: „Wie können wir das beim nächsten Mal besser machen? Hast du eine Idee?"

Abschluss finden: „Danke, dass du mir das erzählt hast. Ich bin froh, dass wir darüber gesprochen haben."

DREI REALISTISCHE BEISPIELDIALOGE

1. Thema: Spielzeug weggenommen

Kind: „Geh weg, das ist meins!"

Erwachsener (ruhig): „Du bist wütend, weil dein Bruder das genommen hat, ohne zu fragen?"

Kind: „Ja! Der nimmt immer alles!"

Erwachsener: „Okay. Ich sehe, das war für dich zu viel. Was hättest du dir von ihm gewünscht?"

Kind: „Dass er fragt!"

Erwachsener: „Wollen wir überlegen, wie ihr das morgen besser machen könnt?"

Lernziel: Gefühle benennen + Lösung gemeinsam finden

---

2. Thema: Nicht aufräumen wollen

Elternteil: „Ich sehe, du willst gerade gar nicht aufräumen."

Kind: „Nein. Ich will nicht."

Elternteil: „Ist es, weil du müde bist – oder weil es dir zu viel ist?"
Kind: „Beides."

Elternteil: „Wollen wir zusammen einen Plan machen? Vielleicht du das Lego – ich die Bücher?"

Kind: (zögernd nickt)

Lernziel: Mitbestimmung + Schritt-für-Schritt-Struktur

3. Thema: Wutanfall nach dem Nein

Kind: (schreit) „Du bist gemein! Ich hasse dich!"

Elternteil (atmet ruhig): „Das war ein hartes Nein, stimmt's? Du hast dir das so sehr gewünscht."

Kind: (weint)

Elternteil: „Es ist okay, dass du traurig bist. Ich bin trotzdem hier."

(pause)

Elternteil: „Wollen wir ein Bild malen, wie du dich fühlst?"

Lernziel: Emotionen durchhalten + Beziehung aufrechterhalten

Fazit:

Kinder, die erleben, dass sie **nicht angeschrien, sondern verstanden werden**, entwickeln keine Angst vor Konflikten – sondern den Mut, **Verantwortung zu übernehmen und sich mitzuteilen.**

Konflikte sind kein Scheitern – sie sind **Übungsfelder für Verbindung, Klarheit und Wachstum.** Und mit ein bisschen Übung wird das Gespräch am Esstisch zum **Raum für Entwicklung – für beide Seiten.**

Familienregeln & Rituale gemeinsam erarbeiten

Struktur mit Herz – wenn Regeln verbinden statt trennen

Warum Regeln und Rituale so wichtig sind

Kinder brauchen Freiheit – **aber nicht ohne Rahmen.** Gerade in einem liebevollen, Montessori-inspirierten Alltag geben **klare, gemeinsam entwickelte Regeln** Orientierung und Sicherheit.

Sie helfen Kindern zu verstehen:

„Ich bin Teil dieser Familie. Ich trage Verantwortung. Ich werde ernst genommen."

Gleichzeitig geben **Rituale** Struktur – **ohne Zwang.** Sie schaffen Anker im Alltag, senken Stress, fördern Selbstregulation und lassen das Zusammenleben **vorhersehbar und vertrauensvoll** werden.

Und das Besondere:

Wenn Kinder an der **Entstehung von Regeln und Ritualen beteiligt** sind, erleben sie **Selbstwirksamkeit, Mitbestimmung und Stolz.**

Grundprinzipien für Familienregeln

1. **Wenige, aber klare Regeln** → Lieber 5 gut verankerte als 15 ständig diskutierte.

2. **Positiv formuliert** → „Wir hören einander zu" statt „Nicht dazwischenreden".

3. **Gemeinsam erarbeitet** → Kinder dürfen mitreden, Vorschläge machen, abstimmen.

4. **Sichtbar und präsent** → Aufhängen als Plakat, mit Symbolen oder Bildern

5. **Regelmäßig überprüfen** → Wöchentlich gemeinsam anschauen: „Was funktioniert – was nicht?"

So geht's: Familienregeln mit Kindern erstellen

(Schritt-für-Schritt)

1. Rahmen schaffen:

„Wir wollen, dass unser Zuhause für alle ein guter Ort ist. Dafür brauchen wir gemeinsame Absprachen. Wollen wir zusammen überlegen?"

2. Fragen stellen:

– „Was braucht jeder, damit er sich wohlfühlt?"

– „Was nervt euch im Alltag – und wie könnten wir das ändern?"

– „Wie möchten wir miteinander umgehen, wenn es Streit gibt?"

3. Ideen sammeln:

– Als Mindmap, Liste oder Karteikarten

– Auch Gefühle dürfen genannt werden („Ich will nicht angeschrien werden.")

4. Formulieren & auswählen:

– Vorschläge gemeinsam diskutieren

– 4–6 Hauptregeln auswählen

– Mit Symbolen gestalten (z. B. Herz = respektvoll sein, Ohr = zuhören)

5. Aufhängen & leben:

– In Küche, Flur oder Kinderzimmer

– Immer wieder darauf Bezug nehmen („Was sagt unsere Regel dazu?")

Rituale: Ruhe, Rhythmus & Beziehung

Rituale sind **kleine Inseln im Alltag**, die das Kind emotional stabilisieren – **egal ob beim Aufwachen, Essen, Schlafengehen oder bei Übergängen.**

Beispiele für Familienrituale:

- **Morgens:** „3-Minuten-Guten-Morgen-Runde": Jeder sagt, was er heute braucht
- **Vor dem Essen:** Kerze anzünden & „Wofür bin ich heute dankbar?"
- **Abends:** 3 Dinge sagen, die heute schön waren

- **Wochenende:** Familienkonferenz mit Emoji-Stimmungskarten
- **Streitritual:** „Pause mit Herz" – kurz durchatmen, dann wieder reden

Tipp: **Kinder dürfen auch eigene Rituale erfinden**: „Das ist mein Gute-Nacht-Lied." – „Ich male morgens mein Tageswetter."

Beispiel: Unsere Familienregeln (Plakat-Idee)

Unsere 5 Herz-Regeln – gemeinsam gemalt & beschlossen:

1. Wir hören zu, wenn jemand spricht
2. Wir schreien nicht – wir sagen STOPP
3. Wir helfen einander, wenn jemand traurig ist
4. Wir sagen, was wir brauchen
5. Wir versuchen es nochmal, wenn es schiefgeht

Optional: Sticker kleben, wenn eine Regel besonders gut eingehalten wurde (ohne Bewertung, nur Sichtbarmachung)

Fazit:

Regeln, die **gemeinsam entstehen**, verbinden. Rituale, die **immer wiederkehren**, geben Halt. Und wenn Kinder merken: „Meine Stimme zählt", dann wächst in ihnen nicht nur Gehorsam –

sondern **Verantwortung, Respekt und Selbstwert.**

Stille Momente kultivieren (Montessori-Ruhe-Übungen)

Wie Kinder zur inneren Ruhe finden – achtsam, sanft und wirkungsvoll

Warum Ruhe kein Luxus ist – sondern ein Bedürfnis

In unserer lauten, schnellen, vollen Welt sind Momente der Stille **selten – aber lebenswichtig.** Gerade Kinder sind heute ständig Reizen ausgesetzt: Geräuschen, Stimmen, Bildschirmen, Erwartungen, Spannungen. Kein Wunder, dass sie oft „explodieren", „durchdrehen" oder „nicht zur Ruhe kommen".

Maria Montessori erkannte schon früh:

*„Die Fähigkeit zur Ruhe ist nicht angeboren –
sie wird durch Übung und Umgebung
geformt."*

Und sie wusste: **Ein Kind, das echte Stille erlebt, lernt nicht nur ruhig zu sein – es lernt sich selbst kennen.**

Was sind Montessori-Ruhe-Übungen?

Montessori-Ruhe-Übungen („Silence Games") sind kleine, bewusst gestaltete Momente der Achtsamkeit. Sie helfen dem Kind, sich selbst zu spüren, **innezuhalten**, zu lauschen, zu atmen, zu beobachten.

Wichtig: Es geht **nicht** darum, „still sein zu müssen", sondern darum, **die Stille als etwas Schönes und Stärkendes zu erleben.**

Diese Übungen:

- fördern die **Selbstwahrnehmung**
- beruhigen das **Nervensystem**
- helfen bei **innerer Unruhe und Reizüberflutung**
- schaffen **Inseln der Erholung im Alltag**

Beispiele für Montessori-inspirierte Ruheübungen

Die Stille hören

Alle sitzen still, hören für 30 Sekunden. Danach erzählen:

– Was hast du gehört?

– Was war das leiseste Geräusch?

Fördert: Achtsamkeit, auditive Differenzierung, Konzentration

Die stille Glocke

Eine Klangschale oder ein Glöckchen wird angeschlagen. Die Kinder hören zu – solange sie den Ton noch wahrnehmen, bleiben sie ganz still. Erst wenn sie nichts mehr hören, dürfen sie sich bewegen.

Fördert: Fokus, Geduld, Entspannung

Feder-Atmung

Eine kleine Feder liegt auf der Hand. Das Kind atmet langsam aus, sodass sich die Feder ganz leicht bewegt – aber nicht wegfliegt

Variation: Mit Pusteblume oder Wattebällchen.

Fördert: Atmung, Kontrolle, Selbstberuhigung

Stilles Beobachten

Am Fenster sitzen und 1 Minute still beobachten: Bäume, Vögel, Menschen, Wetter.

Fragen danach:
- Was hast du gesehen, das du sonst nie bemerkst?
- Was war schön?

Fördert: visuelle Achtsamkeit, Langsamkeit, innere Zentrierung

Stille mit Berührung

Das Kind legt die Hand auf sein Herz oder den Bauch und spürt: Wie fühlt es sich an, wenn ich ruhig atme?

Variation: Hand auf Mamas/Papas Herz → gemeinsam atmen.

Fördert: Selbstwahrnehmung, Bindung, Körpergefühl

Wie Stille Teil des Familienalltags werden kann

- **Stille-Minute** nach dem Frühstück oder vor dem Schlafengehen
- **Ruhespiel statt Bildschirmzeit**: „Wollen wir schauen, wer das leiseste Tier sein kann?"
- **Eltern als Vorbilder**: Selbst atmen, langsamer sprechen, bewusst schweigen
- **Ritual**: „Unsere stille Zeit" – 3 Minuten ohne Worte, nur hören, atmen, sein

---

*Tipp: **Visualisiere stille Zeiten** mit einem Symbol (z. B. eine kleine Glocke, eine Kerze, ein Bild von einem schlafenden Tier)*

Fazit:

Stille ist kein Mangel an Lärm – sie ist **ein Raum, in dem sich das Kind selbst begegnet**.

Wenn wir diese Momente kultivieren, schenken wir unseren Kindern nicht nur Entspannung –

sondern eine **innere Heimat**, die sie ihr Leben lang begleiten kann.

11. Das Notfallkapitel – Wenn gar nichts mehr geht

Was tun bei Wutausbrüchen, Panik, Rückzug?

Krisen begleiten – nicht kontrollieren

Wenn alles kippt: Warum dein Kind nicht „schwierig", sondern überfordert ist

Es gibt diese Momente, in denen nichts mehr geht:

Das Kind schreit, wirft mit Dingen, schlägt um sich oder verkriecht sich. Es weint hemmungslos, brüllt „Ich hasse dich!" oder verkriecht sich in einer Ecke, reagiert auf nichts mehr.

---

*Was wir als Wut, Trotz oder „Drama" erleben, ist in Wirklichkeit oft ein **Notruf des Nervensystems**.*

Das Gehirn des Kindes ist in solchen Momenten **nicht zugänglich für Logik, Regeln oder Konsequenzen.**

Es ist im **Alarmmodus**: Kampf, Flucht oder Erstarrung.

Und je mehr wir als Erwachsene dann:

- erklären,
- belehren,
- strafen oder „beruhigen wollen" ...

... desto mehr **eskaliert die Situation.**

Das Kind ist nicht „gegen dich"

– es ist „außer sich"

In einem emotionalen Ausnahmezustand funktioniert kein „vernünftiges Gespräch".

Dein Kind ist **nicht mehr im Frontalhirn** (Verstand), sondern im **limbischen System** (Gefahr, Emotion, Impuls).

Dein Kind braucht jetzt nicht:

- „Benimm dich!"
- „Wenn du so weitermachst..."
- „Reiß dich zusammen!"

Es braucht:

Dich. Ruhig. Nah. Nicht wertend.

Auch wenn es dich gerade anschreit oder wegstößt.

Erste Hilfe bei Wutausbruch, Panik oder Rückzug: 3 Stufen

SICHERHEIT SCHAFFEN

- **Physisch:** Ist das Kind und sind andere sicher?
- **Emotional:** Keine Bewertung, kein Druck. Nur Präsenz
- **Haltung:** Bodenständigkeit, langsames Atmen, weiche Stimme

„ICH BIN DA. DU BIST NICHT ALLEIN."

CO-REGULATION

- Du bleibst ruhig – **nicht perfekt**, aber stabil
- Du gibst deinem Kind **deine Regulation**, nicht deine Angst

„Ich sehe, du bist sehr wütend. Ich bleibe bei dir."

„Atmen ist gerade schwer – wir versuchen's zusammen, ganz langsam."

Körperkontakt nur, **wenn das Kind das möchte** (z. B. Hand reichen, Nähe anbieten). Bei Rückzug: *„Ich bin hinter der Tür, wenn du mich brauchst."*

SPÄTER KLÄREN – NICHT IM STURM

Erst wenn das Nervensystem wieder ruhig ist, kann reflektiert werden.

- Weißt du noch, was dich so wütend gemacht hat?
- Was hätte dir helfen können in dem Moment?
- Wollen wir einen Plan machen fürs nächste Mal?

Unterschiedliche Reaktionen – unterschiedliche Wege

Wutausbruch

Typische Signale: laut, explosiv, körperlich aktiv

Was tun:

- **Nicht provozieren**, nicht widersprechen
- **„Stopp"-Haltung** zeigen: ruhig, klar, präsent
- **Wut sicher entladen lassen** (z. B. in ein Kissen boxen, in die Hände stampfen)
- Nach dem Höhepunkt: Nähe anbieten, ohne Druck

Panik & Überforderung

Typische Signale: schnelles Atmen, Zittern, Weinen, Flucht

Was tun:

- Atmung spiegeln: „Ein… aus… ich bin bei dir."
- **Umgebung beruhigen** (Licht dimmen, Geräusche reduzieren)
- **Boden spüren lassen**: „Fühl mal deine Füße… den Boden… mich."
- Danach: ruhiger Rückzugsort anbieten

Rückzug & Erstarrung

Typische Signale: kein Blickkontakt, keine Reaktion, starrer Körper

Was tun:

- Nicht drängen. Keine Fragen. Nur Nähe.
- Flüstern: „Ich bin da." – „Du darfst Zeit brauchen."
- Körperkontakt nur auf Einladung
- Später langsam wieder ins Gespräch gehen: „Willst du, dass ich neben dir sitze?"

Wichtig zu wissen

- Du musst **nicht perfekt reagieren.** Du darfst Fehler machen. Wichtig ist: **Wieder verbinden.**
- Dein Kind „testet" dich nicht – es **vertraut dir in seiner Dysregulation.**
- Wiederholung gehört dazu: **Selbstregulation ist ein Prozess**, kein Ziel.
- Du darfst dir auch Hilfe holen – von Partnern, Fachleuten oder einfach einer Freundin.

Fazit

Wenn nichts mehr geht, geht eines immer:

Deine ruhige, atmende Präsenz.

Sie ist der Anker im Sturm – und das größte Geschenk, das du deinem Kind machen kannst.

VOM WUTANFALL ZUM RUHEPOL

3-Minuten-Soforthilfe für Eltern

Wenn du selbst kurz vorm Explodieren bist

Warum Eltern zuerst atmen müssen – und nicht „reagieren"

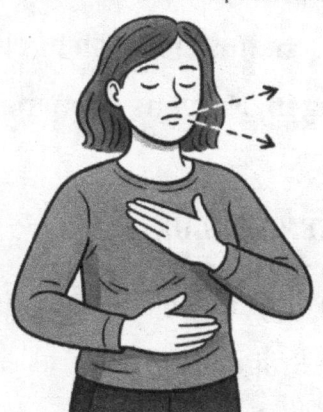

Ein Kind im Ausnahmezustand bringt auch uns an unsere Grenzen:

Du willst helfen, aber fühlst dich überfordert.

Du willst ruhig bleiben, aber dein Puls rast.

Du weißt theoretisch, was zu tun wäre – aber dein System sagt nur noch: „Weg hier!" oder „Ruhe jetzt!"

Und genau da braucht es **kein weiteres Wissen**, sondern eine **Notfall-Strategie** für dich. Eine Art inneren Erste-Hilfe-Koffer, den du **immer dabei hast**.

Diese **3-Minuten-Soforthilfe** ist **dein persönlicher Reset-Knopf**. Keine Zauberformel – aber ein Mini-Ritual, das dir hilft, **in deine Kraft zurückzufinden**, statt mitzureißen.

Schritt 1: Die 3-Minuten-Regel für dich selbst

Minute 1: STOPP & ATMEN

"Ich halte inne. Ich atme."

- Stelle beide Füße bewusst auf den Boden
- Atme **tief in den Bauch**: 4 Sekunden ein, 6–8 Sekunden aus
- Wiederhole in Gedanken:

„Ich bin ruhig. Ich bin sicher. Ich muss jetzt nichts lösen."

Ziel: Körper in Sicherheit bringen, Nervensystem beruhigen

Minute 2: INNERER DIALOG

„Ich muss nicht perfekt sein. Ich darf fühlen. Ich kann wählen."

Stelle dir leise, innerlich diese Fragen:

- Was passiert gerade in **mir**?
- Was **brauche ich** jetzt, um nicht zu explodieren?
- Was **muss ich nicht sofort tun oder sagen**?

Sprich dich innerlich frei von Druck:

„Ich darf erst atmen, bevor ich handle."

Ziel: Aus dem Reaktionsmodus in den Präsenzmodus kommen

Minute 3: FOKUS & HANDLUNG

"Was ist der nächste kleine Schritt?"

Jetzt kannst du – ruhig und bewusst – entscheiden:

- **Dableiben oder kurz rausgehen?**
- **Beruhigen oder nur begleiten?**
- **Warten oder sanft ansprechen?**

Statt in Aktionismus zu verfallen, frag dich:

"Was dient jetzt der Verbindung – nicht der Kontrolle?"

Ziel: Aus der inneren Ruhe heraus handlungsfähig werden

Erinnerungsformel für unterwegs:

S-T-O-P

- S = *Stille schaffen* (innerlich & äußerlich)
- T = *Tief atmen*
- = *Orientieren: Was passiert? Was brauche ich?*
- P = *Präsent bleiben – nicht perfekt sein*

Optional: Dein persönlicher Notfall-Satz

Finde einen kurzen Satz, den du dir **im Ernstfall vorsagst**, z. B.:

- „Ich bin die Ruhe, die mein Kind gerade nicht hat."
- „Ich muss jetzt nichts reparieren – nur da sein."
- „Mein Atmen ist stärker als das Chaos."

Schreib ihn auf. Häng ihn an den Kühlschrank. Oder steck ihn dir in die Tasche.

Fazit:

Diese drei Minuten sind kein Rückzug – sie sind **Führung aus der Mitte.**

Du darfst durchatmen. Du darfst fühlen.

Denn erst wenn **du wieder bei dir bist**, kannst du für dein Kind da sein.

Du bist kein perfekter Elternteil. Du bist ein atmender Mensch. Und das genügt.

„Deeskalationssätze" für jede Situation

Worte, die beruhigen statt befeuern

Warum Worte wie Zündstoff – oder wie Wasser wirken können

In hitzigen Momenten sind Worte wie Streichhölzer:

Ein falscher Ton, ein scharfes Wort – und der Brand ist da.

Doch genauso können Worte auch **beruhigen, entlasten, deeskalieren.**

Wenn dein Kind in der Wut, Angst oder Überforderung steckt, helfen keine langen Reden – aber **ein einfacher, klarer, mitfühlender Satz kann Wunder wirken.**

Du musst nicht alles richtig sagen. Aber du kannst bewusst wählen, was du nicht sagen willst.

Was du besser vermeidest:

- „Jetzt hör auf zu schreien!"
- „Du übertreibst wieder total!"
- „Wenn du so weitermachst, bekommst du gleich eine Strafe!"
- „Reiß dich zusammen!"
- „Das ist doch kein Grund, so zu tun!"

Solche Sätze **verleugnen das Gefühl**, verschärfen den Druck – und **kappen die Verbindung**.

WAS STATTDESSEN HILFT: DIE KRAFT DER DEESKALATION

Hier findest du eine Auswahl an „**Notfall-Sätzen**", die du in verschiedenen Situationen verwenden kannst. Sie sind **beruhigend, klar, nicht wertend – aber voller Präsenz**.

Bei Wut und Aggression

Ich sehe, du bist sehr wütend. Ich bin da	Du brauchst gerade Platz – ich sorge dafür, dass du sicher bist
Deine Wut darf da sein. Wir finden später zusammen eine Lösung	Du musst nichts sagen – ich bleibe einfach bei dir

VOM WUTANFALL ZUM RUHEPOL

Bei Panik, Angst, Kontrollverlust

Du bist nicht allein. Ich bin hier	Wir atmen zusammen – langsam, Schritt für Schritt
Ich höre dich. Du darfst so fühlen	Dein Körper ist gerade in Alarm – ich helfe dir, wieder runterzukommen

Bei Rückzug oder emotionaler Erstarrung

Ich sehe dich. Auch wenn du gerade nichts sagst	Du darfst Zeit brauchen. Ich gehe nicht weg
Wenn du willst, setze ich mich einfach neben dich	Ich bin da, wenn du soweit bist

VOM WUTANFALL ZUM RUHEPOL

Bei Grenzüberschreitung oder Regelbruch (ohne Eskalation)

Ich stoppe das jetzt – nicht weil ich böse bin, sondern weil ich dich schützen will	Wir machen eine Pause – dann sprechen wir in Ruhe
Es war zu viel – für dich und für mich. Lass uns später nochmal neu anfangen	Ich verstehe, dass es schwer war. Und trotzdem müssen wir hier eine Grenze setzen

Für Eltern-Selbstberuhigung im Dialog

Ich muss kurz tief atmen, bevor ich etwas sage	Ich will dir helfen – aber ich bin auch gerade überfordert
Ich bin nicht gegen dich. Ich will dich verstehen	Lass uns eine Lösung finden, ohne dass einer verliert

Tipp: Dein persönliches „Deeskalations-Vokabular"

Erstelle dir deine eigene Mini-Liste mit 3–5 Sätzen, die **zu deinem Kind und dir passen**.

Sprich sie leise, atme bewusst, reduziere Tempo & Lautstärke –

So sendest du nicht nur Worte, sondern Beruhigung.

Fazit:

Manchmal verändert ein Satz den ganzen Moment.

Nicht weil er perfekt ist, sondern weil er **von einem Herzen kommt, das atmet statt urteilt.**

Die wichtigste Regel lautet: **Sprich weniger. Sei mehr.**

Abschlusswort – Dein Weg beginnt nicht erst morgen. Er hat längst begonnen

Vielleicht war dieses Buch nicht die Antwort auf alle deine Fragen –
aber vielleicht war es **eine Einladung**, deine eigenen Antworten zu finden.
  Nicht perfekt. Nicht nach Lehrbuch. Sondern **mit deinem Kind. In eurem Tempo.**
Du hast nun viele Ideen kennengelernt:

auch, wenn dein Kind laut, wild, still, wütend oder traurig ist.
Denn hinter jedem Verhalten steckt ein Bedürfnis.

Und hinter jedem Bedürfnis steckt ein Kind, das dir vertraut.
Du bist nicht „nur" Mama oder Papa.
Du bist der sichere Ort, zu dem dein Kind immer wieder zurückkehren kann.
Selbst wenn es stürmt. Selbst wenn du zweifelst. Gerade dann.
Vielleicht wirst du Fehler machen. Ganz sicher sogar.
Aber du wirst **immer wieder neu beginnen können.**
Mit einem ruhigen Atemzug.
Mit einem Satz, der verbindet.
Mit einem Blick, der sagt:

„Ich sehe dich. Und ich wachse mit dir."

Danke, dass du den Mut hast, diesen Weg zu gehen.
Danke, dass du deinem Kind das gibst, was viele nie erfahren durften:

Verständnis statt Urteil. Halt statt Kontrolle.
Vertrauen statt Macht.

Und falls du morgen wieder zweifelst:
Schlag dieses Buch einfach nochmal auf.
Oder: Halt kurz inne. Atme.
Denn alles, was du brauchst, ist schon in dir.

www.ingramcontent.com/pod-product-compliance
Lightning Source LLC
Chambersburg PA
CBHW011131070526
44583CB00023B/2988